数字原生银行

刘兴赛 / 著

中信出版集团 | 北京

图书在版编目（CIP）数据

数字原生银行 / 刘兴赛著 . -- 北京：中信出版社，2024.6
ISBN 978-7-5217-6574-8

Ⅰ.①数… Ⅱ.①刘… Ⅲ.①数字技术－应用－银行业务 Ⅳ.①F830.49

中国国家版本馆 CIP 数据核字（2024）第 094587 号

数字原生银行
著者： 刘兴赛
出版发行：中信出版集团股份有限公司
（北京市朝阳区东三环北路 27 号嘉铭中心 邮编 100020）
承印者： 北京通州皇家印刷厂

开本：787mm×1092mm 1/16　印张：16.75　字数：162 千字
版次：2024 年 6 月第 1 版　印次：2024 年 6 月第 1 次印刷
书号：ISBN 978-7-5217-6574-8
定价：69.00 元

版权所有·侵权必究
如有印刷、装订问题，本公司负责调换。
服务热线：400-600-8099
投稿邮箱：author@citicpub.com

前言

下一个十年，我们在哪里？

——写在中国银行业的"后白银时代"

中国银行业的"后白银时代"

对一个人来说，十年宛如白驹过隙，但足以定义一生；对一个行业而言，十年转瞬即逝，但足以定义一个时代。过去十年里，中国银行业经历了什么，未来十年将如何发展？

回望十年前，我们会发现一幕幕关于光阴的故事：十年前，手机只是手机，十年后，手机就是生活；十年前，汽车只是一台装了四个轮子的机器，十年后，电动汽车就是一台云端电脑。十年前，没有共享单车、没有抖音、没有带货主播、没有网红；十年前，高铁到家乡、地铁到家门口，还是奢望……

所有的一切，无时无刻不在提醒着，我们正身处一个史无前例的大时代。

对中国的银行人而言，2012 年和 2022 年，更是具有重大转折意义的时间节点。

2012年年末，中国银行业资产总额达133万亿元，是2002年的5倍多；实现净利润1.5万亿元，是2002年的近50倍；不良贷款率则从2002年年末的23.61%，下降到2012年年末的0.95%。[①]

可是，也正是从这一年开始，尤其是2014年之后，随着宏观经济步入新常态，国内主要银行的利润增速降到10%以下。曾经银行员工以"干到退休"为常态，但近年来，越来越多的中高层人士开始涌向体制外。曾经为银行高利润而"羞报"的银行高管，开始为银行利润增长的可持续性殚精竭虑。被认为"躺赢"的银行员工，不知何时，内部竞争程度已经逼近互联网公司。

2012年这一时点，既是中国银行业一个大时代的结束，也是一个新时代的开始。如果说，2012年前的十年，是中国银行业的"黄金时代"，那在某种程度上，2012年之后的十年，就是中国银行业的"白银时代"。总体而言，过去十年，是中国银行业解构与孕育的历史阶段。"高规模增速"的盈利和发展模式开始瓦解，传统的市场边界开始消失，银行的市场行为和经营管理行为在被深度重塑，而个体银行的绩效表现和发展态势则开始分化。

---

① 刘诗平，苏雪燕. 银行业实现自身良好发展 十年间净利润增长近50倍[EB/OL]. 2013-04-27. https://www.gov.cn/jrzg/2013-04/27/content_2392394.htm.

既然这么说，那么未来十年，中国银行业的发展是不是要步入"青铜时代"呢？

答案是"不确定"，其原因就在于未来十年，不仅是中国银行业顺应经济社会发展重建盈利能力的十年，也是银行个体发展高度分化的十年。未来十年，行业一致性的发展趋势将进一步弱化。不仅如此，新冠疫情的暴发、国际地缘政治格局的重大变化以及两者带来的长期结构性影响，为中国宏观经济，也为中国银行业的未来发展带来更多的不确定性。和过去十年相比，中国银行业正步入一个充满不确定性和风险的"后白银时代"。

面对这种不确定性，中国银行业亟待顺应经济社会的转型方向，重建自身的盈利框架——这是一个关于结构与模式的调整叙事：从外延角度看，顺应我国消费主导型经济以及老龄化趋势，推动我国经济数字化、绿色化发展，贯彻国家乡村振兴战略，顺应大型客户业务结构和服务方式的调整，银行业亟待大力发展零售业务、养老金融、科技金融、绿色金融、乡村振兴金融以及对公交易银行业务；从内涵角度看，降本增效将前所未有地成为行业主题，与之相适应，银行业需要从传统的规模扩张型发展模式转向精细化、集约化发展模式。

不过，需要看到的是，和过去不同，上述银行转型和盈利框架的重建是无法在传统的业务逻辑下完成的。其原因就在于，经济社会数字化的不断深化所带来的客户线上化、场景化，以及互联网巨头跨界金融，正催生银行商业逻辑、业务模式、服务方式以及内部运营管理方式的全方位变革。

因此，未来 5~10 年，银行的转型以及盈利能力重建，只有且必须是在金融科技应用以及数字化创新的背景和基础上去实现——数字化，是中国银行业的关键战略、第一战略。当然，未来 5~10 年的银行数字化，也应该以业务结构优化、运行方式调整以及发展方式转变为旨归。

也正是从上述意义而言，当《"十四五"数字经济发展规划》《金融科技发展规划（2022—2025 年）》《关于银行业保险业数字化转型的指导意见》等重要文件相继发布，当数字化开始从银行个体特色化战略转变为行业大洗牌的关键战略，当数字化开始成为全行业的共业，一个新的时代——下一个十年，开启。

面对新一轮数字化浪潮，银行的"原生"困境

对银行业来说，新时期的数字化战略不再是银行战略工具箱中的平行战略，而是底层性、背景性战略。不过，相对于技术开发与应用，明确银行数字化的战略方向，仍然是一个待解的难题。纵观近几年我国银行的数字化实践，包括当前一些领先银行的行动，银行业的数字化仍深困于所谓的"数字原生"困境中。

"数字原生"是对 IT 与互联网技术领域概念"云原生"[①] 的引申和扩展，意为银行要消除自身行为与互联网的天然隔阂，要

---

① 应用程序在设计之初就充分考虑到了云平台的弹性和分布式特性，就是为云设计的。

用互联网思维和逻辑，去思考，去行为。但从现实来看，这对银行来说却是困难的。

这种困境也被一些银行形容为"如何从银行人想象的互联网"向"真实的互联网"进化的问题。在这些银行看来，银行的体系、文化、禀赋相对于天生的互联网公司，存在天然的基因性不足——敏捷的组织能力与互联网思维不强。[①] 为此，向互联网巨头学习，补互联网基因短板，成为我国银行推进数字化的主导思想。不过，成效如何呢？

从国内银行最早跨界电商，向互联网进军开始，已经有十年光景。但我们发现，银行还是银行，互联网公司还是互联网公司。在某种程度上，以工商银行"融易购"下架为标志的国内银行跨界电商失败，阶段性宣告这一思路的失败。历经十多年，银行还需要为摒弃"银行人想象的互联网"而呐喊，恰恰说明银行在这条路上举步维艰。

究其根源，这一方面说明银行深层次的体制机制与互联网精神的冲突，以及深化改革所面临的巨大挑战——事实上，上述问题已经为行业所认识。另一方面，恰恰也是为我们所忽视的，那就是到底什么是互联网基因，什么是数字化的原生性。银行重复互联网公司的策略和经验，就是互联网公司了吗？就是融入互联网基因了吗？就同样可以取得互联网公司过去的成功了吗？

本质上，过去十多年是我国互联网，尤其是平台公司快速发

---

① 张子键. 银行数字化转型，组织管理创新很关键［J］. 中国银行业，2022（6）.

展的时期，对应的是国内互联网发展的流量时代。在这一时期，网民规模快速增长，大量空白细分市场被跑马圈地，市场教育与市场增长相伴。流量思维、资本和"烧钱"逻辑、赢者通吃现象大行其道。以补贴为主的互联网营销方式，以敏捷和效率为主导的客户体验，成为市场竞争的主旋律。但时代变了，现在一些银行所强调并孜孜以求的所谓"真正的互联网"策略，其实已经时过境迁。截至 2021 年，我国网民规模达 10.32 亿，互联网已经高度普及，流量红利已经见顶，消费者教育已基本完成，网民的消费心智已经十分成熟。而在存量博弈中，同质化的服务内卷日趋严重，以补贴和"烧钱"为特征的早期互联网营销已经失去威力。

更为重要的是，银行与互联网的对接，其基础是金融服务的属性与特征。但一些互联网巨头的点状跨界往往模糊了国内银行对互联网金融的认识。与一些互联网平台从年轻、长尾、小微企业客户以及小额、高频金融服务入手不同，银行业与互联网的整体对接，必然是包括老年客户、大型客户的全量客户维度和全量业务体系，而且作为特殊行业，金融服务的安全性具有基础性意义。但特定客户、特定业务的市场定位以及特定的业务模式，降低了金融属性对互联网公司行为的约束（也降低了金融的监管力度），最大化了互联网营销的价值。客观地说，互联网巨头跨界金融，给国内银行业带来巨大的心理冲击，但在这一过程中，我们往往也容易忽略其模式的特定性和特殊性。过去银行人强调向互联网金融学习，但事实上它们并没有提供一个行业性的数字化解决方案。更何况，互联网自身也在进化，包括互联网公司在内，关于竞争方式的进化，大家其实都在探索的路上。

从这个意义上讲，银行人苦苦追寻的所谓"真正的互联网"，其实同样难以让银行摆脱数字化的原生困境。在这种情况下，基于互联网的进化方向，充分吸收互联网和科技公司的长处和优点，找寻适合金融本身的整体性的数字化方案，才是银行走出原生困境的根本之道。

在某种程度上，银行的数字化原生困境，并不在于对互联网巨头营销手段的复制能力不足，甚至不在于体制和机制的固有冲突，而在于对互联网进化阶段的精准把控，对数字经济下商业本质的遵循，以及数字化背景下对金融的深刻认知。正是上述不足，让一些银行把互联网特定阶段的特定策略奉为互联网的原生精神。在本末倒置、"画虎不成反类犬"式的复制和抄袭中，陷入原生困境。

简言之，遵循数字经济下商业及金融的本质，打造符合互联网进化趋势的"数字原生银行"，是我国银行突破"原生困境"的关键所在。

当然，中国银行业的数字化是渐进发展的。在既有的线下为主的体系中不断加入数字化元素是其基本路径，但这也造成了银行体系运行的逻辑冲突。不断堆叠的系统和体系，也导致银行日益臃肿和笨拙。用一种顶层设计的、整体的、一体化的、企业级的范式来重构银行的体系和系统，也是数字原生的重要含义。但即便如此，银行数字化范式的升级，其关键和核心仍然是如何把握未来互联网进化方向，如何深刻理解下一阶段银行数字化的阶段性与本质特征。

打造"人与数字化有机融合"的数字原生银行

银行数字化是一个持续过程。过去十多年里，中国银行业的数字化主要围绕渠道服务电子化以及内部管理信息化展开，而2016年后，在金融科技战略推动下，部分业务（例如数字普惠业务）的线上化和数字化成为数字化的新领域。那么，当前乃至未来5~10年，中国银行业的数字化会是怎样的历史阶段呢？回答这个问题，需要我们超越银行本身，从经济社会的整体数字化进程来判断银行的数字化需求。我们不妨看一下在印象中与数字化相去甚远的一个行业的例子。

这是一个关于混凝土制造企业的数字化转型故事。① 混凝土传统生产流程主要依靠人工配合，协同性差，品质把控难度高；此外，预拌混凝土对运输时效要求较高，而运输环节多为人工派单，效率低下，路线选择也不尽科学。为此，重庆一家企业通过接入工业互联网平台，实现了生产过程智能化控制，大幅提高运输与泵送效率和产能利用率——运输与泵送效率提高21%，产能

---

① 黄兴，赵小帅．"做混凝土"也能数字化？看这家传统企业如何转型[EB/OL]．2022-06-14. http：//www.xinhuanet.com/2022-06/14/c_1128739322.htm.

利用率提升32%。该企业的具体做法包括以下几个方面。

第一，智能化生产组织。围绕自身积累的几万条混凝土配合比数据，以人工智能开展学习，打造配合比模型，实现从人工操作转向"自动化"。

第二，智能化质检。以AI机器视觉把控混凝土质量。

第三，数字化调度。将订单、生产、质检、物流等所有信息集纳在一块大屏上，工作人员动动指尖就能管理整座生产基地。

第四，与产业生态的数字化、平台化链接。该公司通过"公鱼互联云平台"与5 800余家产业链供需用户互联互通，客户可线上采买水泥、钢材等大宗物资；在运输方面，可实现车辆线路自动规划、运输状态可视。订单及业务往来在线上留痕后，数据真实客观，可为中小企业"增信"，实现"一键触达供应链金融"。目前"公鱼互联云平台"上中小企业已获供应链授信3 000余万元。

从这个案例可以看出数字化在经济社会演进的深度和广度——数字化正从电商等流通领域向生产等领域拓展，从中也可以看到其对金融及其服务方式的深远影响。在上述体系中，无论是产业链条、供应链条中的核心企业，还是小微企业，都被纳入数字化的平台和生态之中。在此情况下，银行可以通过加入数字化平台和生态，或系统直联，为个人客户、小微企业客户、大中型企业客户提供综合金融服务。

至此，银行数字化迈入新的时代。过去，银行数字化本质上是网银、手机银行等渠道的电子化（对应的是支付、转账等交易型业务的数字化），以及零售和小微部分业务和产品的线上化。但归其根本，银行体系仍然是以线下为主导、以线上为辅助手段的体系，尤其是对大中型客户而言。但随着当前经济社会场景的数字化发展，银行全量客户开始平台化和生态化。于是，数字化场景和生态中的银行，开始代替网点成为银行的基本形态，银行的全面数字化时代开始到来。

上述进程，对银行数字化的方法论而言，是一次革命性的跃迁。如果说，过去的银行数字化，只是在渐进框架下，在以线下服务为主导的体系中加入数字化元素，那么，未来5～10年，则是需要从整体上打造一个完全的、以线上化和数字化为核心的银行体系。简言之，打造整体性的数字化银行，而不是在线下主导框架内进行局部数字化升级，是未来5～10年中国银行业数字化的核心任务。

关于中国银行业数字化的策略与方向问题，本质上是如何看待互联网进化方向以及如何看待传统银行体系的优势与劣势的问题。过去20多年互联网的快速发展，尤其是互联网平台的快速发展，实质上是"线上化"对时空约束的突破以及相关组织运营效率的提升——其关键词是效率。未来5～10年，互联网给社会所带来的进步，更多地依托新一轮科技革命以及大数据应用带来的智能化发展——其关键词是建立在效率基础上的"精益化"。不过，这也带来一个问题，那就是随着智能技术的不断发展，人的情感交互变得尤为珍贵，互联网的人文关怀越发显得必要。毕竟，互联网的本质是服务于人，而非单纯追求智能技术的升级。

因此，下一阶段的互联网，要解决的关键问题，就是互联网与人的关系问题。

未来5~10年，线上化、平台化、智能化也是中国银行业数字化的重要方向和内涵。不过，和新时代互联网需要解决的核心问题一样，中国银行业在线上化、平台化、智能化的数字化进程中，也要从根本上解决互联网与人的关系问题，具体包括以下几个方面。

第一，服务效率与服务温度的结合问题。当前，效率是客户体验的关键因素，但随着智能化发展以及银行数字化开始涵盖全量客户，银行服务的温度、银行服务的人文关怀也将成为客户体验的关键影响因素。

第二，人工服务与智能服务相融合的一体化平台构建问题。智能化并不意味着完全摒弃人工服务，有温度的服务意味着庞大的网点和人工服务不仅不是银行的累赘，反而是智能化时代重要的资源。如何构建以数字化、智能化为支撑的人工服务，构建人工服务与智能服务相结合的一体化的服务体系，这是新时期人工服务转型的方向。

第三，激发员工的主人翁精神，避免"工具人"问题。人工智能的发展，必然产生机器对人的替代问题。同时，人也容易成为机器流程下的被动工具。与此同时，数字化以及智能化的发展仍然依赖人的创新能力和创新热情。因此，如何避免员工成为"工具人"，实现人与机器的和谐共生，如何正确处理专家经验与模型的关系，将成为新时期银行数字化面临的重要挑战。

第四，人的数字化能力打造以及数字化背景下的人文关怀问题。全面数字化的功能实现，有赖于银行全部肌体的高效、协同运作。这不仅需要数字化专家的介入，也需要每个银行员工的参与。因此，提高普通员工的数字化素养，确保全部员工具有与数字化相匹配的能力，成为重要的要素条件。不仅如此，数字化还将给普通员工带来能力、劳动强度、文化等多方面的挑战，因此，如何通过人文关怀来提高银行员工对数字化的适应性，也是银行数字化工作的重要内容。

不难看出，新时期互联网要重新回归对人的关注，因此，基于以上互联网的进化方向，"打造人与互联网有机融合的数字原生银行"，将成为新时期银行数字化战略的主要方向和关键内涵。它包括以下几方面内容。

第一，打造人与互联网有机融合的服务形态。明晰银行场景战略的数字化视角。把开放银行打造成与场景和生态竞争相适应的银行体系。在推动经济社会场景数字化的进程中获取场景和生态竞争优势。构建网点与银行 App 一体化的平台服务体系，建立有温度的智能化服务。

第二，构建融入数字化的组织、职能体系。深化风控体制改革，推动风控组织角色与功能的进化。以数字化为契机，推动职能部门、后台部门职能和角色的转变。推动以服务为导向的组织架构转型。完善新型组织建设，推动银行组织向生态型组织转型。

第三，构建以应用驱动的大数据运营体系。融入外部数据生态，建立与大数据应用相适应的数据治理与服务体系，建立与数据应用为核心的数字化战略，以组织与人才体系建设完善银行体系的"用数意识"与数据工作能力，建立数据工作的系统性推进机制。

第四，建设数字化的科技基础设施。构建分布式、服务化架构。推动新一代核心业务系统建设，实现信息化与数字化的有效连接。推动经营管理系统的企业级、智能化升级。推动IT运维的智能化发展。推动技术中台建设。建立完善开发运维一体化机制。

当前，以ChatGPT为代表的新一代人工智能技术的出现和发展，已经引起全球的关注。但完全以新一代人工智能驱动的数字化银行体系，目前尚处于未来银行发展蓝图的构想当中。不过，它仍然有其现实的意义，即在以"人与互联网有机融合"的银行体系中，新一代人工智能将越来越多地得到应用。

需要注意的是，数字化转型不是为了转型而转型，数字原生银行的体系构建，最终要落地于业务经营上。当前，各家银行通过C端（个人客户）战略、B端（企业端客户）战略以及G端（政府端客户）战略，试图实现数字化背景下的客户竞争以及业务发展。不过，从实践来看，一些银行实施的情况并不尽如人意，其根本原因就在于上述战略缺乏准确的业务内涵。没有具有足够发展前景并与数字化趋势相适应的业务去承载和激发银行的数字化创新。

因此，上述战略的实施，必须将数字化与战略性新兴业务的发展相连接。就当前我国的经济社会发展以及银行业务转型而言，农村金融业务、财富管理业务、养老金融业务、科创金融业务等战略性新兴业务，就是这样的关键性业务载体。这些业务的数字化转型，不仅有利于强化银行面向未来的竞争力，升级传统上对公、对私、普惠金融等业务的内涵，同时也有利于赋予数字化以更强大的内生性动力。

关于本书

当前，中国银行业的数字化已经进入新的历史阶段，这不仅需要对前期实践进行总结，以新的理论指导新的实践，同时日趋深入的行业实践，也为理论创新创造了条件。本书的创作也正是在这样的背景下展开的。

本书的写作背景与写作初衷

首先，国内银行业迫切需要银行数字化理论的指导。根据腾讯云和毕马威联合发布的《区域性银行数字化转型白皮书》，目前区域性的中小银行数字化转型实践尚处于起步阶段，已经开始数字化转型的商业银行达到了91%，但步入成熟阶段的银行却仍然是0。

相对于中小银行，国内大型银行的数字化起步早。不过，相对于早期散点式的数字化实践尝试，当前大型银行数字化逐步步入深水区，数字化的绩效开始遇到瓶颈，前期投入和举措的成败开始显现，曾经笃信的方向和信条开始动摇，体制性、结构性的障碍开始凸显。最为关键的是，在数字化转型方面，全球银行业还没有出现绝对领先者，没有可以直接移植的经验，大家都是并行者，都在"摸着石头过河"[1]，成熟的数字化理论尚不存在。在这种情况下，中国银行业亟待总结几年来的实践经验，对行业数字化战略进行重检，进一步明确新时期的突破方向。

其次，不断深入的行业实践，为理论创新创造了条件。理论创作需要一定的实践支撑。过去几年，中国银行业的数字化实践，更多地局限在渠道服务电子化、金融科技在部分业务上的应用试点。它是在银行既有框架下的散点性突破，是较为浅层次的探索。在这个过程中，银行对自身的优势、对互联网的认识并不深入。在这种情况下，关于银行金融科技发展以及数字化的理论研究，要想深入，要想贴近实践，要想为行业数字化整体发展方向提供蓝图，是困难的。

不过，随着近几年领先银行数字化实践的加快，情况发生了重大的变化。尽管当前各家银行的探索尚未真正成熟，但相关工作所昭示的战略方向却已日渐清晰。不仅如此，范围广泛的数字化实践，更是为探索行业整体解决方案奠定了基础。

正是基于以上行业需要以及历史条件，本书试图通过对过去几年行业领先银行的实践进行系统分析和重检，从实践入手，进

---

[1] 张子键. 银行数字化转型，组织管理创新很关键 [J]. 中国银行业，2022 (6).

一步明晰行业数字化的战略方向，力求为未来 5 ~ 10 年中国银行业的数字化提供一个整体性的解决方案和体系化的蓝图，为逐步步入深水区的行业数字化实践，提供清晰的指引。

本书的主要内容与结构体系

本书分为四个部分，贯彻"总—分—总"结构。第一部分，即第一章，为总论，从宏观角度考察中国数字化进程及其对中国银行业的影响。第二部分和第三部分，是全书的主体部分，其中第二部分，包括第二章至第六章，阐释"数字原生银行"的体系构成，包括服务形态、组织体系、数据运营体系以及技术基础体系；第三部分，包括第七章至第九章，阐释银行如何通过战略性新兴业务的数字化，来推动银行业务体系以及业务模式的转型升级。第四部分，即最后一章，通过对元宇宙等内容的考察，分析其对未来银行的影响。

本书的写作方法与体例特点

本书通过通俗的叙事，来强化理论的实践功能，力求实践性与思想性的统一。其中案例分析、对比分析，是本书最大的写作特点。本书收录了大量的行业数字化转型案例，在为全行业提供体系化蓝图的基础上，也力求为个体银行差异化数字化战略提供案例参考。

目录

第一部分　总述 / 1

第一章　数字化革命与银行的数字原生战略 / 3
数字化，经济社会发展的新动能 / 3
中国经济社会的数字化图景 / 12
重构的银行数字化逻辑 / 20
以数字原生战略深化银行数字化发展 / 29

第二部分　数字原生银行的逻辑架构与体系构建 / 35

第二章　建立具有主动获客能力的客户触达体系 / 37
建立、完善银行的"客户触达"战略 / 37
明晰银行场景战略的数字化视角 / 40
把开放银行打造成为与场景和生态竞争相适应的银行体系 / 44

在推动经济社会场景数字化进程中获取场景和生态

竞争优势 / 49

第三章　打造人与互联网有机融合的服务形态 / 59

── 从对立到融合的网点转型之路 / 59

进化、重整中的银行 App 体系 / 64

通过平台一体化，推动银行网点与 App 运营

和服务升级 / 72

第四章　构建与企业级数字化运营相适应的组织体系 / 77

── 与数字化相脱离的组织体系 / 77

构建融入企业级运营的风控体系 / 80

消除组织内部的数字鸿沟 / 85

推动以服务为导向的组织架构转型 / 90

以完善新型组织建设为突破口，推动银行组织向生态型

组织转型 / 96

第五章　构建以应用驱动的大数据运营体系 / 103

── 超越数据治理 / 103

融入外部数据生态 / 111

建立与大数据应用相适应的数据治理与服务体系 / 118

建立与数据应用相融合的经营管理体系 / 125

第六章　打造数字化的科技基础 / 131

- 推进银行科技工作从信息化向数字化升级 / 131
- 推动 IT 技术架构向分布式、服务化架构转型 / 136
- 在"一个银行"框架下升级银行 IT 系统建设 / 141
- 构建关键技术应用的服务体系 / 147
- 建立开放性的银行科技创新生态 / 150

第三部分　以战略性业务数字化深化数字原生银行发展 / 153

第七章　以财富管理与养老金融的数字化助力 C 端突围 / 155

- 以财富管理、养老金融进一步完善银行的 C 端触达战略 / 155
- 推动财富管理业务与数字化深度融合 / 161
- 依托数字化，建立、完善战略性的银行养老金融服务体系 / 168

第八章　以科技金融推动银行数字普惠金融的战略升级 / 175

- 科技金融是深化数字普惠金融发展的新阶段和新方向 / 175
- 以数字化为依托，赋予科技金融以新动能 / 180
- 构建深度陪伴、生态化、专业化的科技金融经营体系 / 184
- 建立以大数据为依托的科技金融获客模式与科技企业评价方式 / 187
- 建立和完善适应宏观周期与科创周期的资产负债管理 / 190

第九章　以数字化重塑农村金融格局 / 195

- 农村金融既有格局打破，非传统机构的服务下沉 / 195
- 传统农村银行机构的应对与调整 / 200
- 农村金融市场竞争的核心将是数字化之争 / 204
- 在经济社会急剧变革中重构银行的农村金融战略 / 211

第四部分　关于数字化的更广泛讨论 / 219

第十章　深度数字化中的未来银行展望 / 221

- 以 ChatGPT、GPT-4 为代表的新一代人工智能革命 / 221
- 深度数字化时代已经在路上 / 223
- 深度数字化时代银行的可能图景 / 226
- 关注银行深度数字化的风险 / 231

后记 / 235

参考文献 / 239

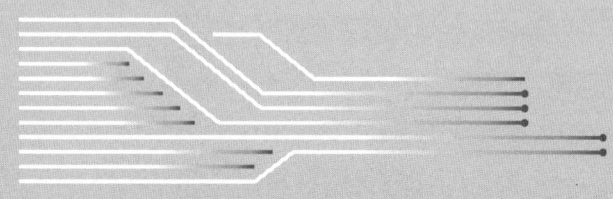

第一部分

总述

第一章
数字化革命与银行的数字原生战略

数字化，经济社会发展的新动能

2022年的政府工作报告将年度国内生产总值（GDP）预期增长率定在5.5%左右。无独有偶，时任总理李克强在2021年两会上提出"经济运行保持在合理区间，各年度视情提出经济增长预期目标"，对"十四五"期间的增长预期没有设一个具体数值。

这是决策者对中国潜在GDP增长率趋势的洞察，同时也是对疫情、国际政治经济局势等诸多不确定性因素综合考量的结果。

不过，对于习惯于中国经济长期高速增长的很多人来说，这不免引发一丝忧虑：未来5～10年，中国经济还能保持中高速增长吗？中国经济社会会有哪些趋势性和结构性的变化？

显然，要回答上述问题，我们不能就经济增长数字看数字，就现实看现实，而是要通过对当前中国经济社会发展的源与流的梳理，来深入理解其底层逻辑，并由此对未来中国5～10年的趋势与结构进行判断。①

进入新世纪以来（2002—2012年），我国逐步形成了以城市化和工业化为主线，以要素高强度投入为特征的经济社会运行体系，具体而言，它包括两套逻辑。

一是"外贸—工业化—城市化"逻辑。在早期乡镇经济、民营经济、外资经济逐步具有一定发展基础的前提下，以2001年正式加入世界贸易组织（WTO）为契机，依托劳动力成本的比较优势，我国的外贸和外向型经济获得了高速发展，我国成为全球制造业工厂。2006年我国的对外贸易依存度一度最高达到63%。可见，外贸对于彼时动辄两位数的经济增长做出了重大贡献。

二是"土地财政—基础设施建设、房地产（城市化）—能源重化产业（工业化）"逻辑。在系统的制度架构下，我国逐步形成了以房地产和基础设施投资为主要内容的，"土地财政"、房地产货币化与城市化和能源重化产业相互促进的经济运行体系。相较外向型经济运行逻辑的影响，房地产和基础设施建设逻辑的影

---

① 探索未来经济发展趋势，必须在一个完整的理论框架中进行审视。因为无论是仅从供给侧角度还是需求侧角度，无论是从长期视角还是短期视角，单一的分析都无法给予我们中国经济社会运行逻辑的全貌。同样，生产、交易、消费固然重要，但分配决定了社会再生产的顺利实现。相较于西方成熟经济体，改革开放所实现的重大制度变迁，是中国经济社会发展的关键性、背景性变量。因此，我们将改革开放的制度变迁，要素比较优势、要素组合方式以及由此形成的产业及其结构，包括投资、消费、净出口在内的短期需求特征，链接长期供给与短期需求的收入分配机制，以及它们所形成的运行体系，作为我们解读中国经济社会发展逻辑的理论框架。

响更为深远。它由以下几个要件构成。

第一，1998年开始的住宅商品化改革是相关运行逻辑形成的前提。

第二，分税制、GDP地方政府考核机制赋予了地方政府加速城市化、扩大土地出让收入以及相关税收收入的激励机制。

第三，土地的征收、有偿使用制度与"招拍挂"的土地市场机制，奠定了一定历史时期房地产价格刚性上涨的体制机制基础。1998年《中华人民共和国土地管理法》通过，修改议案中增加了国有土地使用权和集体所有土地经征用后的使用权可以依法转让，以及国家依法实行国有土地有偿使用制度的内容，标志着土地使用权转让制度在我国正式确立。2002年，国土资源部又出台了《招标拍卖挂牌出让国有土地使用权规定》。由此，非市场化的土地征收、垄断性的土地市场一级供给以及市场化的"招拍挂"制，就成为一定历史时期土地以及房地产价格刚性上涨的体制机制基础。

第四，通过房地产货币化推动基础设施建设和房地产投资是相关运行逻辑的核心内容。政府通过土地获取贷款，并投入基础设施建设，在直接创造GDP的同时，也加速了城市化进程；而建成的房地产又成为居民加杠杆的抵押物。于是，依托土地和房地产，政府和居民都进入融资体系当中，与开发商一起，投身于以城市化为主线的投融资循环当中。

第五，以基础设施建设、房地产快速发展为内容的城市化，还带动了我国能源重化产业的发展，继改革开放前的重工业优先战略后，再次开启我国的重工业化进程。

两套逻辑叠加，有力推动了我国城市化和工业化的进程，在2002—2011年这10年间，我国经济增速保持在9.1%~14.2%的高位区间，成为改革开放以来发展最为平稳、快速的10年。

不过，自2012年开始，我国经济发展逐步进入一个解构、调整、孕育的新时期。这不仅表现在对2008年对冲美国次贷危机的"四万亿"投资后续影响的处理（去产能、去库存、降杠杆），更表现在这一阶段我国经济社会发展中的长期趋势与系统结构的变化。

从外贸逻辑看，我国外贸的内外环境都发生了转变。2015年农民工首次出现零增长、负增长，农村劳动力纷纷返乡，由农村劳动力过剩造成的劳动力无限供给局面开始逆转——刘易斯拐点开始出现[1]，标志着我国劳动力成本比较优势开始丧失。自2018年以来，中美贸易摩擦与科技摩擦相继爆发，在地缘政治影响下，国际上出现逆全球化趋势，一些制造业开始加速向外转移。

从房地产为主线的城市化投资逻辑体系看，既有的运行模式已经难以持续。

首先，民生、社会问题凸显。房价上涨既是上述逻辑运行的基本条件，也是逻辑运行的结果。高房价透支居民储蓄，成为居

---

[1] 蔡昉. 中国经济增长进入"刘易斯拐点"[EB/OL]. 2015-05-20. https://finance.huanqiu.com/article/9CaKrnJLd5j.

民的沉重负担。不仅如此，房地产价格的虚拟膨胀扭曲了社会的分配机制，进一步使上述情况恶化。与此同时，在这套逻辑中，地方政府更愿意将精力投入见效快、成就可见的基础设施建设领域，于是见效慢的教育、医疗等公共服务则容易被忽略。因此，房价、教育、医疗成为当前最突出的民生与社会问题。

其次，杠杆率约束凸显与部分领域风险的集聚。随着政府、非金融企业、居民杠杆等宏观杠杆率①的提高，上述运行模式受到的杠杆约束也日趋明显。近些年，我国居民部门的杠杆率快速上升，2021年达到62.2%，而2000年还不到5%，当前已经超过了德国的水平，与日本较为接近。2021年，非金融企业部门杠杆率为154.8%，企业债务违约风险大幅提升，违约事件频发。2021年全年共有148只债券发生违约事件，涉及金额达1 600亿元。2021年，政府部门杠杆率上升至46.8%，一些地区已经存在财政重整的挑战。②而在房地产"三道红线"政策背景下，一些房地产开发企业反而加速风险的暴露进程。

最后，产业空洞化与部分地区及三、四线城市发展缓慢。城市化带动要素的集聚、产业的发展，但城市化的上述影响并不是均衡的。当前，在我国的资源禀赋体系下，都市圈和中心城市吸

---

① 张晓晶，刘磊. 2021年度中国杠杆率报告："三重压力"下杠杆率或将步入上行周期［EB/OL］. 2022-02-16. https://www.yicai.com/news/101319525.html.
② 2021年12月23日，黑龙江省鹤岗市人社局发布公告称，因鹤岗市政府实施财政重整计划，财力情况发生重大变化，决定取消公开招聘政府基层工作人员计划。鹤岗成为首个财政重整的地级市。

附大量的资源和产业，在这种情况下，一些患上房地产和土地财政依赖症、放松对关键性产业培育和发展的非中心城市及非发达地区城市，就面临着人口流失、产业逐步空洞化、丧失可持续发展能力的隐忧。当前，一些地区以及三、四线城市，已经出现了发展放缓、经济社会低迷的迹象。根据光华思想力课题组的调研和测算①，我国有88%的地级市实际人口规模不到最优人口规模的40%，这也就意味着我们有88%的地级市人口是严重不足的。

最为关键的是，我国城市化本身的发展空间也在不断缩小，工业化进程几乎接近于完成。2021年年末全国常住人口城镇化率为64.72%，比上年年末提高0.83个百分点。从国际经验看，城市化率70%是城市化快速推进的上限。城市化为我国经济提供的动能已经面临急剧下降的挑战。在工业化方面，2020年我国工业增加值达到31.31万亿元，连续11年保持世界第一制造大国的地位，其中制造业增加值26.6万亿元，占全球比重接近30%。

当然，我们可以通过改革以及战略调整，优化经济社会结构体系，平滑经济社会运行，进一步挖掘当前经济社会增长模式的发展潜能。比如：通过全面放开人口生育限制、延迟退休等进一步释放劳动力资源；加快农村土地产权和配置方式改革，提升农村劳动力、土地与城市资本、人才的配置能力，提升农业生产的集约化、社会化程度；进一步释放劳动力、土地等要素，为中国

---

① 刘俏.从要素驱动到全要素生产率提升：中国经济增长的底层逻辑变化［EB/OL］.2022－02－18. https://new.qq.com/rain/a/20200218A0BKDT00.

城市化和工业化、产业化释放新的动能与空间；通过推动城乡公共服务均等化，赋予农村土地以财产性收益，进一步提升居民尤其是农村居民的消费潜力；坚持扩大开放，进一步推动不具有比较优势的产品、资源、技术、资本的引进和吸收。[①]

不过，上述方式只能在一定程度上挖掘城市化和工业化的潜能，从而为我国经济社会发展动能的切换提供一个战略缓冲。而要实现经济社会可持续的中高速增长，我认为，就需要把握世界范围内的科技与产业革命机遇，推动经济形态、经济社会运行方式的转型与升级。

当前，世界范围内以大数据、云计算、人工智能、物联网、区块链、5G为代表的新一代信息通信技术革命已经形成。与以电子计算机和互联网应用为主要内容的信息化[②]不同，本轮信息通信技术革命，正在将人类社会推向以万物互联、人工智能为特征的数字化时代。数字化，正成为重组全球要素资源、重塑全球经济结构、改变全球竞争格局的关键力量。

从国内看，2015年，中共十八届五中全会首次提出"国家大数据战略"，2017年，《大数据产业发展规划（2016—2020年）》实施。

[①] 专访林毅夫｜中国经济的挑战、底气与后劲［EB/OL］. 2021-08-05. https://www.nse.pku.edu.cn/sylm/xwsd/515931.htm.

[②] 信息化概念起源于20世纪60年代的日本，由日本学者梅棹忠夫首先提出，而后被译成英文传播到西方，西方社会普遍使用"信息社会"和"信息化"概念是从20世纪70年代后期才开始的。1963年，梅棹忠夫在题为《论信息产业》的文章中，提出"信息化是指通信现代化、计算机化和行为合理化的总称"。

2017年7月8日，国务院印发并实施《新一代人工智能发展规划》。

2019年10月24日，中共中央总书记习近平在中共中央政治局第十八次集体学习中强调，要把区块链作为核心技术自主创新的重要突破口，明确主攻方向，加大投入力度，着力攻克一批关键核心技术，加快推动区块链技术和产业创新发展。

2019年年底，数字人民币相继在深圳、苏州、雄安新区、成都启动试点测试。

2022年2月17日，国家发展改革委、中央网信办、工业和信息化部、国家能源局联合印发通知，同意在京津冀、长三角、粤港澳大湾区、成渝、内蒙古、贵州、甘肃、宁夏等八地启动建设国家算力枢纽节点，并规划了10个国家数据中心集群。至此，全国一体化大数据中心体系完成总体布局设计，"东数西算"工程正式全面启动。

2020年，我国数字经济核心产业增加值占GDP比重达到7.8%，光纤用户占比超过94%，移动宽带用户普及率达到108%，互联网协议第六版（IPv6）活跃用户数达到4.6亿。2021年我国实物商品网上零售额比上年增长12.0%，占社会消费品零售总额比重达24.5%。包括移动支付在内的数字金融得到快速发展。涌现出阿里巴巴、腾讯、字节跳动、京东等一批具有竞争力的互联网科技巨头。

随着2021年"十四五"规划和《"十四五"数字经济发展规划》相继出台，我国的数字化进程进一步加速，将重构经济社会运行的逻辑以及产业经济体系。

第一，数据等新要素的引入。相较劳动、资本、土地等传统要素，数据对提高生产效率的乘数作用不断凸显，成为最具时代特征的生产要素。数据的爆发增长、海量集聚蕴藏了巨大的价值，为智能化发展带来了新的机遇。协同推进技术、模式、业态和制度创新，切实用好数据要素，将为经济社会数字化发展带来强劲动力。

第二，以创新为支撑的经济社会发展方式。与要素禀赋（相对稀缺性以及比较优势）相适应，长期以来，我国秉承的是以要素投入为主要特征的经济发展模式，劳动力、土地、环境等要素高强度投入是经济社会发展的关键，但随着人口增速以及结构的变化，土地、环境要素紧约束的强化，以及城市化和工业化进入新的历史阶段，我国经济发展亟待转入以创新为支撑的发展方式。与之相适应，科技创新在经济社会发展中的角色和作用日益凸显，通过劳动替代以及劳动生产率的进一步提升，提高经济的潜在增长率。

第三，再工业化与制造业基础的巩固。自2002年以来，我国制造业占GDP的比重呈现不断下降的趋势，从37%下降到2020年的27%，下降了接近10个点。正如经济学家刘元春在题为《"十四五"新开局——国家战略与政策重点》的讲座中指出的，一个国家的衰落都是从产业空心化和产业泡沫化开始。因此，保有强大的制造业基础对于未来我国经济社会发展以及国际竞争仍然至关重要。而数字化所带来的新型基础设施建设需求将为我国的工业化带来转型、升级契机。5G、物联网、工业互联网、卫星互联网、大数据中心、新能源汽车充电桩等新基础设施建设，将带动我国相关领域高技术产业和战略性新兴产业的发展。

第四，产业赋能与产业融合发展。当前，逆全球化浪潮对我国经济的长期可持续发展造成严重的外部威胁。但从产业经济发展趋势来看，产业经济的服务业化却决定了我国经济发展以国内循环为主的必然性。在这种情况下，数字化和数字经济的发展就扮演着关键角色。数字化的发展，不仅带来数字产业的发展，还通过数字化赋能农业、工业等传统产业，提升农业、工业的数字化、智能化、互联网化水平。不仅如此，数字化还通过互联网平台的链接，推动生产性服务业与工业生产的生态连接，推动制造业的服务延伸以及制造业的服务业化，进而实现一、二、三产业以及二、三产业的融合，从而为服务业发展开辟新的形式和增长空间。

中国经济社会的数字化图景

"十四五"规划中的数字化图景

从"十四五"规划和《"十四五"数字经济发展规划》中，我们可以一瞥未来 5 年乃至 10 年我国数字化的框架与雏形。"十四五"规划中的数字化图景包括四个部分。

第一，数字化的产业经济。加强关键数字技术创新应用；培育和壮大人工智能、大数据、区块链、云计算、网络安全等新兴数字产业，提升通信设备、核心电子元器件、关键软件等产业水平；提升基础设施网络化、智能化、服务化、协同化水平；推进传统产业的数字化转型，实施"上云用数赋智"行动，推动数据赋能全产业链协同转型；在重点行业和区域建设若干国际水准的工业互联网平台，深化研发设计、生产制造、经营管理、市场服务等环节的数字化应用，加快产业园区数字化改造；深入推进服务业数字化转型，推进农业生产经营和管理服务数字化改造。

第二，数字化的公共服务。推进学校、医院、养老院等公共服务机构资源数字化，推进线上线下公共服务共同发展、深度融合，积极发展在线课堂、互联网医院、智慧图书馆，加强智慧法院建设；推进市政公用设施、建筑等物联网应用和智能化改造；完善城市信息模型平台和运行管理服务平台，构建城市数据资源体系，推进城市数据大脑建设；探索建设数字孪生城市；构建面向农业农村的综合信息服务体系，推动乡村管理服务数字化。

第三，数字化的政府政务。全面推进政府运行方式、业务流程和服务模式数字化、智能化；深化"互联网+政务服务"，提升全流程一体化在线服务平台功能；加快构建数字技术辅助政府决策机制，提高基于高频大数据精准动态监测预测预警水平；强化数字技术在公共卫生、自然灾害、事故灾难、社会安全等突发公共事件应对中的运用，全面提升预警和应急处置能力。

第四，数字化的居民生活。加快既有住宅和社区设施数字化改造，打造智能楼宇、智能停车场、智能充电桩、智能垃圾箱等公共设施；促进家居产品与家居环境智能互动，丰富"一键控制""一声响应"的数字家庭生活应用；发展互动视频、沉浸式视频、云游戏等新业态，创新发展"云生活"服务；推进智慧社区建设，依托社区数字化平台和线下社区服务机构，建设便民惠民智慧服务圈，提供线上线下融合的社区生活服务及智能小区等服务；推广智慧导览、智能导流、虚实交互体验、非接触式服务等应用，提升场景消费体验。

当然，数字化的发展还有赖于建立完善、高效的数字生态，包括建设高速泛在、天地一体、云网融合、智能敏捷、绿色低碳、安全可控的智能化综合性数字信息基础设施；构建算力、算法、数据、应用资源协同的全国一体化大数据中心体系；完善数据要素供给、交易、应用的市场规则，完善数字化的治理体系；增强网络安全防护能力，提升数据安全保障水平。

第三次数字化浪潮

根据信息通信技术创新及其应用情况，世界范围内的数字化已历经三个轮次。第一轮数字化以大规模集成电路（LSI）与计算机技术应用为主线，通过计算机应用，实现对人的劳动的部分替代；第二轮数字化则是以互联网应用为主要特征，通过经济社会生活的线上化，突破时空和边际成本对人类服务、交易活动的限制；第三轮数字化，也即当前正在演进的数字化，则是以新一轮信息通信技术创新及其应用为主要内容的"第二次互联网革命"，其有四个基本特征。

第一，全场景。在上一轮数字化进程中，互联网与经济社会相对接的领域，主要集中于电子商务、本地生活、在线娱乐、在线社交等消费互联网领域。而随着大数据、云计算、人工智能、物联网、区块链等技术的广泛应用，互联网正迅速融入并深刻影响社会生产生活的各个领域。在公共服务领域，远程医院、在线教育成为互联网的新热点；在本地生活领域，细分化的本地生活互联网不断涌现；智慧城市、智慧社区、智慧政务则将社会治理与互联网相对接。不过，相较于上述领域，互联网对服务业以外的制造业的渗透更具有革命意义。工业体系和互联网体系深度融合产生了工业互联网，它是第四次工业革命的关键支撑。数据显示，2020年全年，我国"5G+工业互联网"项目超过1 100个[1]，而具有一定影响力的工业互联网平台已经超过70家。

第二，全连接。在上一轮数字化中，互联网实现了"人"与"人"的连接。而随着"万物相连的互联网"——物联网的发展，人类将实现在任何时间、任何地点，人、机、物的互联互通，从而实现对相关客体的智能化识别、定位、跟踪、监管等功能。物联网的发展，将"物"连接到互联网，拓展了人类通过互联网以及信息通信技术对生产、生活进行管理控制的深度。以制造环节为例，借助物联网，工厂可以对工人、生产机械以及作业环境等进行监控，保障安全生产；同时，对生产制造的各个环节实施监控，通过数据采集和生产检测来控制产品质量和原材料消耗等；

---

[1] 张敬伟. 平台经济的"垄断游戏"玩不下去了[N]. 北京青年报，2021-02-09.

此外，还可以借助射频识别（RFID）技术，实现自动化的考勤管理。① 当前，物联网重点应用于物流、交通、安防、医疗、制造、农业和家居等领域。从世界范围看，我国物联网产业发展与世界保持同步，2020 年，我国物联网产业规模突破 1.7 万亿元，在 2023年年底，国内主要城市已初步建成物联网新型基础设施。

第三，智能化。虽然人工智能技术已经有 70 多年的历史，但具有实质性的进展主要是在网络和大数据的驱动下得以实现。2006 年 8 月，谷歌首席执行官埃里克·施密特（Eric Schmidt）在搜索引擎大会上首次提出"云计算"概念，自此人类从并行计算进入云计算的时代。云计算突破了硬件资源对计算能力的约束，促成人类在信息社会里随时随地利用数据、软件、资源和服务的各种需求。② 同时，云计算催生了大数据理念，使数据挖掘分析实现从传统的结构化数据向视频、图像、文本等非结构化数据的跨越。而新一代互联网、物联网等网络基础设施的建设和发展，则为大数据更为广泛地应用创造了条件（研究显示，2019 年和 2020 年这两年产生的数据量，占据了人类历史上所产生数据量的 90%）。与此同时，人类在知识图谱、机器学习、深度学习等人工智能算法领域也实现了突破。而高速、低延时、大容量 5G移动通信基础设施的发展，则为人工智能与产业的加速融合创造

---

① 过国忠. 八部门联合发文，物联网新型基础设施建设有了行动指南［N］. 科技日报，2021 - 10 - 29.
② 张强. 美国新一轮信息技术革命和产业变革的主要特点［EB/OL］. 2017 - 06 - 05. http://intl.ce.cn/specials/zxgjzh/201706/07/t20170607_ 23491294. shtml.

了条件。自动驾驶、工业控制、医疗影像识别与辅助诊疗等人工智能产业化领域开始逐步走向成熟。

第四，平台化。当前，平台以"平台企业""平台经济"的概念存在。平台是一种兼具传统企业组织和市场功能的新形态[①]，广泛存在于电子商务、网络社交、在线教育、在线公共服务等领域。不过，随着经济社会数字化的不断深化发展，以互联网为核心的平台，将成为经济社会数字化运行的基本方式和链接节点。它不仅是特定平台企业的经营形式，更是经济社会实体在数字化世界的普遍存在形式。在这一形式下，网站、App、小程序等技术性互联网节点，将不再是单一的实体主体的虚拟信息镜像或数字化服务渠道，而是围绕特定场景所构建的高频交互（交易）的运营节点和商业（社会）生态。以制造业企业为例，传统的企业网站主要扮演信息展示的角色。随着技术的发展，企业可以通过企业资源计划（ERP）系统直连方式，将供货商等机构接入自身体系，实现部分业务的线上化和自动化；也可以建立内部的考勤、报销、协同办公系统。未来的平台化过程，企业要将各种系统进行整合，不仅仅是把前端销售、物流线上化，更要考虑把前端运营与中端的智能制造，以及后端的财务、采购、内部资源配置，进行统一的数字化、智能化调度和管理。通过引入物联网、人工智能（AI）、机器人流程自动化（RPA）、云端协作等技术升级业务管理系统，企业不仅能实现制造环节的智能感知和智能操

[①] 赵昌文. 认识和把握新一轮信息革命浪潮［N］. 人民日报，2019 – 06 – 14.

控，还能高效完成跨部门全流程的智能化业务协作，以及辅助企业内部管理部门实现业务管理的智能化优化。更为重要的是，平台化本质上是一种商业模式的变革，它通过网络的智能化链接，围绕业务场景，构建企业运营的生态体系，实现内外部体系的高频交互以及生态运行的高效协同。

生产、生活与治理方式的深度变革

新一轮信息通信技术革命带来的新一轮数字化浪潮，将对人类的生产、生活以及治理产生深远的影响。

第一，出现新要素、新组合、新基建。在新一轮数字化进程中，技术、数据、场景以及数字化基础设施，成为经济社会运行的关键性要素。5G互联网、数据中心、人工智能、工业互联网是新一轮数字化的基础设施，它们将代替传统的铁路、公路、机场、港口、水利设施等建设，成为经济社会发展的关键基础。新一轮信息通信技术以及大数据成为经济社会变革的两个车轮，它们与场景对接的能力，决定了个体组织以及产业的数字化进程。而数字化转型过程中沉淀的场景、模式、流程、数据，都将成为企业未来核心的数字资产。在企业中，员工的价值将通过其与数字化的融合来重塑。

第二，模糊化的组织与产业边界。数字化转型会打破企业原有的组织边界、信息边界以及资源边界。通过平台的链接，组织成为生态中的组织，传统组织的边界扩展为由众多组织所构成生态的边界。于是，组织原有的能力和资源边界，也相应扩展到生态范围。以产业链龙头企业为例，通过采购数字化、商旅数字化以及供应链数字化，其可以推动上下游企业融入生态协同系统，实现全要素互联，从而扩展核心企业的能力与资源边界。数字化在扩展组织边界的同时，还推动企业产业属性、组织行为的进化。当前，在数字化推动下，供应链的服务职能的拓展、制造即服务模式的发展，都将模糊既有的产业边界，生态体系、产业链条的服务化，成为数字化时代价值创造的重要途径。于是，在组织突破自身边界，生态和产业链条日趋服务化的背景下，满足市场对不同品类、不同交货期需求的柔性制造模式就成为可能。

第三，拉近供给者和使用者距离。针对一定的场景，平台构建起供给者生态，为用户提供综合化、一站式、定制化、智能化、线上线下一体化的产品与服务。它拉近了产品和服务供给者与使用者的距离，强化了供给与需求的协同，提升了供给者产品和服务的专业性和针对性。通过技术创新与商业模式重构，进一步充实了数字化时代"以客户为中心"的产品和服务内涵。

第四，合作共赢与生态竞争。数字化助力聚合生态从零和博弈走向合作共赢。越来越多的企业通过可信数据的流通与共享、关键技术合作研发、共性平台整合、统一对外服务窗口等形式，从单兵作战到生态聚合、从数据集聚到数字融合，以数字化赋能打破企业传统价值体系。[①] 但在网络效应和平台的生态价值推动下，企业、机构间的竞争，更多表现为强者恒强的市场特征。一方面，在生态内部，合作成为竞争的主基调；另一方面，生态在

---

① 鲁鑫. 2022 年中国数字化转型十大趋势［J］. 赛迪顾问，2021（44）.

内部协调、弥合竞争的同时，反而加剧了生态之间以及生态与游离于生态外主体的竞争。那些远离产业生态、场景生态的机构、企业，将在生态与体系的竞争中，失去发展机会。

第五，网络连接与分布式。伴随着网络的普遍连接和信息传播方式的分散化，社会的治理形态极大改变。自农业革命以来，人类社会长期形成了一个严密的金字塔形结构，社会中存在着明显的不同阶层，信息随着社会阶层逐层流动。而网络化社会逐渐打破这一严密的层级结构，信息流动呈现多方向性，这使得整个社会在信息分布和获取上更加均匀和平等，从而有可能打破长期以来严密的阶层社会和管理体制的弊病。[①] 网络的普遍连接以及新技术的发展，使得人类社会变得如此紧密，我们的世界不仅变"小"了，也变"平"了。

重构的银行数字化逻辑

中国经济社会的加速数字化以及数字化深度的不断扩展，正在将中国银行业的数字化推向新的历史阶段。在这一阶段，银行习以为常的数字化逻辑开始被改写。

从渠道服务电子化到数字化银行的全新银行形态

对银行业而言，数字化是一个持续发展的过程。中国银行业

---

① 何哲．新信息技术革命：机遇、挑战和应对［J］．人民论坛，2021（2）．

的数字化起步于20世纪80年代初，经历了柜面业务操作电脑化、跨区域联网汇兑、电子银行体系建立、管理信息化、数据大集中、新一代核心业务系统开发等阶段。总体而言，过去十几年，中国银行业的数字化重心在于渠道的电子化转型，即以网银、手机银行为代表的线上渠道的发展，以及以自助银行、自助机具为代表的线下渠道的转型。

渠道电子化实现了交易和查询业务的线上化，而随着客户不断走向线上以及金融科技不断发展，银行需要具备完善的线上客户识别以及风险防控能力。在此情况下，银行的产品、服务、风控等全流程以及全部业务的线上化就成为现实。互联网对于银行，不再是单向的交易型业务的输出渠道，而是完全的用户与银行持续交互的线上化经营平台，于是，一种全新的银行形态产生了。

第一，互联网场景中的银行。经济社会数字化的过程，就是经济社会运行场景的互联网化的过程。在这一过程中，作为社会运行中的重要角色，银行同样要适应客户线上化、场景平台化的趋势，将自身服务嵌入线上化、平台化的场景中。与此同时，与银行的服务形态全面数字化相适应，银行中后台的运行及管理也将被纳入数字化进程。包括资产负债管理、人力资源管理、财务管理，甚至战略研究等中后台的管理和服务功能，都将被纳入数字化的银行体系中。全业务、全流程、全机构的数字化，将是未来5~10年银行数字化的重要趋势。

第二，合作生态中的银行。银行形态的变化，背后是银行商业逻辑的进化。围绕具体的数字化场景，银行通过广泛的合作，构建起金融与非金融相融合的服务生态，与用户形成持续的交互关系。围绕"银行—场景—用户"的交互体系，银行服务的体验化、高频化、敏捷化，成为以客户（用户）为中心理念的新内涵。在这种情况下，客户主办银行代替开户行成为银行竞争的新焦点，银行内部的协同一体化向银行与外部生态的协同一体化拓展。

第三，以数据驱动的智能银行。银行形态的变化，背后还是银行运行方式的进化。在全面数字化时代，银行数字化不仅表现为线上化，还表现为业务和营运的智能化，其背后是数据以及金融科技在银行业务和运营中扮演角色和性质的重大进化。过去，银行数据主要来源于银行的客户及其账户信息，这些历史信息的挖掘，有利于提高银行决策的准确性，为提高银行经营管理效能提供助力。但在全面数字化阶段，银行的数据不仅包括银行内部数据、公共服务机构的公共数据，还包括丰富的场景数据。这些数据涵盖了用户行为、消费习惯等内容，不仅包括结构性数据，也包括非结构性数据，即时性更好，具有更加多维、规模更加庞大的特点。它们与大数据、云计算、人工智能等技术相结合，不再限于辅助决策，而是全方位推动银行运行的智能化——智能客户服务、智能营销、智能风控、智能运维、智能投顾、智能投研。

从根本上说，渠道服务电子化时代的银行数字化，仍然是以线下为主导、以线上为辅助手段的体系，尤其是对大中型客户而言。但随着当前经济社会场景的数字化发展，银行全量客户开始平台化和生态化。于是，数字化场景和生态中的银行，开始代替网点成为银行的基本服务形态，并由此推动银行整体运行体系的数字化。自此，银行业将迈入包括全面的数字化服务形态以及数字化运行体系的"数字化银行"时代。

从增效降本到重建"后白银时代"银行的盈利能力

从渠道数字化阶段来看，网银、手机银行、自助渠道等数字化渠道的发展，表现为逐渐替代了传统物理渠道，其核心的考核指标是柜面替代率。也就是说，本轮银行数字化的导向是向内的，其着力点和落脚点是银行内部渠道关系变化所实现的成本的降低，而不是对外的竞争导向。但在新一轮数字化中，数字化的价值和归宿发生了重大变化。这既源于经济社会数字化的进程，也源于中国银行业自身发展的历史阶段及其面临的挑战。

与既有宏观经济逻辑逐步瓦解、新的增长动能尚未完全确立的历史阶段相适应，当前中国银行业正迈入不确定性和风险显著升高、行业盈利能力面临前所未有挑战的新阶段。这一阶段以2014年以后，国内主要银行的利润增速开始降到10%以下为标志。不仅是增速，该阶段中国银行业的制度环境、监管趋势以及市场结构也发生了重大变化。

第一，银行利率市场化制度架构的完成。2012年，央行首次双向扩大存贷款利率浮动区间；2013年，贷款利率管制全面放开；2015年，国务院公布《存款保险条例》，存款保险制度正式出台；2015 年，央行多项措施放开存款利率上限，并正式发布《大额存单管理暂行办法》；2019 年，新的贷款市场报价利率（LPR）形成机制发布。自此，中国银行业的利率市场化制度架构宣告完成。

第二，监管对银行经营管理与业务发展的紧约束。一是通过实施《商业银行资本管理办法（试行）》《商业银行监管评级办法》，以及将差别准备金动态调整和合意贷款管理机制升级为宏观审慎评估体系（MPA），建立起以资本为基础、以系统重要性银行为抓手、以货币政策与宏观审慎政策为双支柱的监管体系。二是强化对业务创新的监管。规范同业业务发展，实施资管新规，开展理财子公司试点，深化银行理财业务转型。发布《关于促进互联网金融健康发展的指导意见》，开展互联网金融专项治理，公布《商业银行互联网贷款管理暂行办法》，加强互联网贷款管理。三是强化对银行公司治理。出台《商业银行股权管理暂行办法》，建立健全了从股东、商业银行到监管部门"三位一体"的穿透监管框架，推动金融体系稳健发展。发布《银行保险机构公司治理监管评估办法（试行）》，实施《健全银行业保险业公司治理三年行动方案（2020—2022 年）》，出台《银行保险机构公司治理准则》《银行保险机构关联交易管理办法》。

第三，市场结构变化对传统分工格局的打破。互联网巨头跨界金融，逐渐侵蚀了银行赖以成为社会基础设施的逻辑基础——账户以及经营现金的网点。支付宝和微信等对移动支付的培育拓展所掀起的"去现金化"浪潮，降低了银行网点的战略价值，并建立起互联网金融的生态入口优势。而在银行内部，在金融脱媒以及政策红利推动下，大型银行携科技和数字化优势，不断推动经营下沉，小微业务不再是个体银行差异化、特色化战略的选择，而是行业发展的共业。2021年6月，《金融机构服务乡村振兴考核评估办法》重磅出炉，实行分级分组考核办法，并将包括城市商业银行、民营银行在内的主要的银行业金融机构都纳入考核范围中。在这种情况下，农村金融市场将不再是专属农村金融机构的自留地。银行业传统的专业分工、分层定位、城乡分割的市场格局已然被打破。

与相应的宏观经济演进阶段一样，该阶段中国银行业的发展也是一个解构和孕育的历史阶段。在这一阶段，既有的"高规模增速"的盈利和发展模式开始瓦解，传统的市场边界开始消失，银行的市场行为和经营管理行为在被深度重塑，而个体银行的绩效表现和发展态势则开始加速分化。不仅如此，全球疫情暴发、国际地缘政治格局的重大变化，以及两者的长期结构性影响，也为中国宏观经济，以及中国银行业的未来发展，带来更多的不确定性。

面对这种不确定性，中国银行业亟待顺应经济社会的转型方向，重建自身的盈利框架。从外延角度看，为顺应消费主导型经济以及老龄化趋势，推动经济数字化、绿色化发展，贯彻乡村振兴战略，以及适应大型客户业务结构和服务方式的调整，银行业亟待大力发展零售业务、养老金融、科技金融、绿色金融、乡村振兴金融以及对公交易银行业务。从内涵角度看，银行业则需要从传统的规模扩张型发展模式转向精细化、集约化发展模式。不过，由于客户的线上化以及银行内部运营和管理的数字化，上述盈利框架的重建是在金融科技应用以及数字化创新的背景和基础上去实现的。也就是说，未来5~10年，中国银行业的数字化必须与业务结构调整和发展方式转变相结合，它们是新一轮数字化的根本旨归。

从个体特色化战略到未来5~10年行业大洗牌的共业

在相当长的一段时间里，数字化只是极少数银行的特色化战略选择。对大多数银行而言，数字化更多表现为信息科技部或电子银行部的部门级战略。它具有明显的后台或渠道特点，扮演着银行经营的辅助角色。尽管最近几年电子银行发展成为银行服务的主流交易渠道，但银行线上渠道仍然不具备完整的线上获客活客能力，特别是在初始获客环节，仍然高度依赖物理网点。至于少数简单大数据信贷产品，其更多集中于个人贷款领域。更为关键的是，与彼时以投资为主导的、以城市化为主线的宏观经济逻辑相适应，以基建贷款、能源重化产业投融资、房地产开发融资、个人住房按揭等中长期批发业务为主的业务特征，也使数字化难以成为银行竞争的决定性要素。在这种背景下，即使是个别银行将数字化提升为自身的企业级战略，但由于银行的主流业务与数字化发展的相关性偏弱，相关战略的价值更多地体现为个体银行的差异化和特色化，而无法转化为相关银行在绩效上的普遍性的竞争优势。

不过，未来5~10年的银行数字化，则具有不同的图景，随着"十四五"规划、《"十四五"数字经济发展规划》《金融科技发展规划（2022—2025年）》《关于银行业保险业数字化转型的指导意见》的相继出台，数字化作为银行企业级战略，不再是少数银行的特色化需求，而是全行业未来发展的共有主题。不仅如此，数字化还将通过入口、交互、增量市场、资源等机制对个体银行的发展和行业竞争形成以下影响。

第一，由数字化场景和数字化连接所实现的金融服务入口。随着经济社会全场景、全链接的数字化进程，银行数字化的业务场景极大扩展，但对一些具有战略意义的场景来说，竞争反而将更加激烈。在此情况下，完全的线上获客能力、金融业务对场景的嵌入成为银行经营的前提，是银行未来行业角色的基础。

第二，由数字化带来的业务模式、商业模式变革所实现的抗脱媒能力以及客户黏性。开户不再具有决定意义，让客户成为持续交互的用户、银行成为客户的主服务银行才是关键。经济社会全面数字化对使用者主权的强化，迫使银行通过数字化，将更持续、更丰富、更即时性的服务"抵近"提供给用户，以此抗击大型客户融资需求下降、零售客户黏性不强的冲击。

第三，由金融科技支撑的数字化对长尾客户的拓展。随着大数据、云计算、人工智能、物联网等技术以及生态的成熟，金融科技将加速与银行业务的融合，线上化、数据化、智能化将突破现有的银行技术能力边界，使得更多的客户和产品进入银行的业务视野。普惠金融客户和农村金融客户将成为未来银行最大的增量业务的来源，决定了未来竞争的格局。

第四，数字化与主流业务发展的相关性，以及由此带来的主流业务切换能力。经济社会转型将推动银行主流业务向零售业务、对公交易业务、农村金融等方向转变，而在这一过程中，金融科技扮演着关键角色，数字化与银行新兴主流业务开始具有强相关性。在这种情况下，哪家银行在金融科技应用和数字化发展中占据优势，就将在影响未来的主流业务拓展中占据制高点。

第五，数字化所实现的资源占有与资源连接。入口、交互、长尾客户背后是关键性的经营资源——低成本资金。强大的数字化将带来资金成本优势，从而使银行在同业竞争中占据先机。更为重要的是，银行通过数字化与平台、生态相连接，从而重新定义自身的资源边界，提升用户服务能力。在全面数字化时代，银行同业竞争将让位于银行之间的生态竞争。整合生态资源的能力，将弥合个体银行在禀赋上的差异，甚至改变不同银行的力量对比格局。

正是通过上述影响机制，数字化将改变自身在银行发展中的意义和角色。未来 5~10 年，"大型银行—股份制行—城商行、农商行"这一基本稳定的行业格局将被解构和重塑。以专业特色和历史禀赋为基础的大型银行竞争格局，将被彻底打破，而对于广大中小银行，尤其是农村中小金融机构，通过精细化、熟人社会所实现的地区化经营体系将被瓦解，借由数字化的发展，全国性银行机构的触角将不断下沉。中国银行业将在数字化进程中，掀起一轮影响深远的优胜劣汰和重新组合的过程。农村金融机构的改革主线，将从省级信用社的定位与去行政化改革，真正让位于基于金融科技创新与数字化考量的整合和重组。

以数字原生战略深化银行数字化发展

过去几年，金融科技战略成为推动中国银行业数字化的主要战略。

2016年左右，以区块链应用话题受到关注为标志，金融科技应用开始加速进入中国银行业的战略视野。在这期间，招商银行、建设银行、平安银行等银行纷纷加大金融科技投入并推出相应战略。招商银行将自身定位于"金融科技银行"；建设银行推出"TOP+"金融科技战略，作为其"住房租赁战略、普惠金融战略、金融科技战略"三大战略的关键支柱；平安银行推出包括数字化银行、生态银行、平台银行在内的科技银行战略，并积极推动零售战略转型。

2019年8月，央行印发《金融科技发展规划（2019—2021年）》，在其推动下，国内越来越多的银行推出金融科技发展规划。对此，工商银行在其金融科技发展规划（2021—2023年）中提出打造"敏捷、智慧、生态、数字、安全"五位一体的"科技强行"战略；农业银行则在其信息科技近期发展规划（2020—2021年）中提出"iABC"战略；建设银行则将"TOP+"战略升级为"TOP+"战略2.0版。

在金融科技战略推动下，行业主要银行加大对金融科技的投入和应用，强化银行科技队伍建设，推动科技基础设施建设，加快银行对平台化场景的拓展，不断强化银行 App 功能，推动网点的智能化转型，探索初步线上化的大数据产品。不过，随着金融科技推动的数字化逐步步入深水区，一些弊端以及遇到的阻碍也日趋明显，主要表现有：银行 IT 基础设施建设与应用脱节；重平台开发，轻平台运营；在缺乏对数字化整体规划的情况下，对科技过分强调，造成各业务条线和管理部门盲目推进业务和管理的信息化和金融科技化，银行系统重复建设严重，科技部门疲于奔命；科技和业务脱离；总、分、支行在数字化推进上存在"两张皮"现象，总行雷声大，分支行雨点小。

最为关键的是，银行在科技上日趋庞大的投入，仍然难以逆转网点和银行 App 获客、活客能力不足的颓势；缺乏经营载体与客户持续交互的技术和产品；缺乏运营支持的金融服务难以在场景建设中落地，大量的"样板工程"沦为"样子工程"。

出现上述现象，并不是偶然的，本质上其来源于银行持续、渐进的数字化进程。受困于路径依赖和体系约束，尽管主要银行建立起企业级的数字化领导机构，但在具体实施中，数字化往往是科技部门、电子银行部门推动的局部工作，后台特征、科技本位思想、渠道思维还非常明显。

于是，银行发力的重点自然仍是信息基础设施建设，场景仍然被看作银行业务输出的渠道，而业务模式和商业模式的创新往往缺乏体系的支持，在实践中表现为具有互联网思维的运营的缺乏，其结果就是银行的数字化并没有实现银行的线上化获客，反而仍然是银行与客户（用户）的持续疏离，产品与技术开发难以成熟。银行数字化的局部化，造成前中后台之间以及总分行之间在数字化方面存在态度以及行为上的"两张皮"现象，其结果就是业务难以落地，银行数字化战略中反复提及的流程敏捷沦为一种空谈。更有甚者，数字化沦为各部门通过信息化固化自身权力、争夺资源的博弈。

随着经济社会加速数字化以及金融科技应用进入深水区，具有后台特征、科技本位思想的金融科技战略，将面临越来越多的挑战。在这种情况下，中国银行业亟待将金融科技战略推动的局部数字化战略（渠道与部分产品、业务、流程的数字化）升级为全面数字化战略。与局部数字化时期以线下服务为主不同，在全面数字化时期，银行将建立以线上服务为主的业态体系——数字化银行。在此情况下，顺应互联网的进化趋势，遵从数字经济下的商业规律以及银行属性，强化银行天然的互联网精神，即强化银行的数字原生性，将是该阶段银行数字化战略的核心指导思想，包括四个维度的战略内涵。

第一，强调整体、协同推进的"数字化银行"战略。与过去在既有体系渐进式推动渠道、部分产品、部分业务以及部分流程的局部数字化不同，未来5~10年的数字化在于打造一个整体性的"数字化银行"。它是一个包括全客户、全流程、全业务的数字化体系。数字化不再是科技部门和渠道部门的部门级事务，而是全行的共同事业。整体、协同推进，消除银行内部的相互阻滞，将数字化推向更深层次，是全面数字化阶段银行数字化方法论的重大改变。

第二，互联网视角下的业态创新战略。我们应从互联网角度看待银行的数字化转型，而不是从银行角度看待银行自身的数字化转型。不过，当前互联网的发展早已超越了早期的流量时代。早期的互联网营销并不能代表互联网的趋势与精神。相对于过去线上化对时空的超越，以及自助化、自动化带来的效率提升，未来高度智能化的互联网将重新回归对"人"本身的关注。在这个趋势下，银行的数字原生性，在于银行在关注互联网效率与精益的同时，也要重新回归对人的关注，包括客户和员工，推动互联网服务回归到"以人为中心"。在以线上为主的体系下，在以智能化为发展方向的背景下，重构人与互联网的关系。打造有温度的智能化服务，不再把线下人工服务简单看作即将被取代的负担，而是在科技赋能以及线上线下融合的背景下，建立线上线下衔接、一体化的服务生态。消除银行内部的数字鸿沟，提高数字化背景下银行对员工的人文关怀。避免数字化背景下的"工具人"趋势，实现人与机器的和谐共生。

第三，改革与体系构建战略。在相当长的时间内，银行数字化更多的是业务模式、部分产品和流程的创新，其触及的改革也多局限在银行特定部门，银行的整体改革极为有限。但在全面数字化阶段，改革是建立数字原生银行体系的关键所在——这也是当前银行数字化转型步入深水区的重要原因。没有银行的整体变革，就没有具有全新银行逻辑的全新体系——服务体系、组织体系、数据运营体系以及科技基础体系。以数字化为契机，推动职能部门、后台部门职能和角色的转变，建立一体化的数字化组织运行体系；推动银行以服务为导向的组织架构转型；完善新型组织建设，推动银行组织向生态型组织转型；改革和建立银行的数字文化与组织属性；建立以金融科技为依托、以数据运营为核心的银行经营管理体系。

第四，重点业务与战略性新兴业务发展战略。要发挥数字化重建盈利能力、重建行业格局的影响和功能，要建立数字化自身的内在动力，数字原生银行首先是鲜明的业务战略。要通过鲜明的业务战略来推动数字化转型，通过数字化转型巩固和建立银行的业务优势。在此情况下，银行数字化要与零售金融、养老金融、科技金融、绿色金融、乡村振兴金融以及对公交易银行业务等重点业务转型相结合，尤其是要与战略性新兴业务的发展和转型相结合。其意义就在于要通过战略性新兴业务的增量创新，赋予银行数字化以更强大的内在推动力。当然，所谓重点业务和战略性新兴业务，对个体银行而言，其有一定的相对性。对于不同银行机构，不同业务的战略意义可能有所差异，因此，在具体选定数字化转型载体性业务的时候，不同银行需要根据自身的特点，进行差异化选择。

第二部分

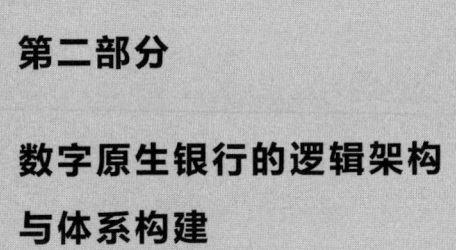

数字原生银行的逻辑架构与体系构建

第二章
建立具有主动获客能力的客户触达体系

建立、完善银行的"客户触达"战略

2022年5月,工商银行发布公告,其电商平台"融e购"将于2022年6月30日24时停止个人商城相关服务以及企业商城公开销售、商圈销售、跨境贸易等相关服务。除工商银行选择关停之外,农业银行经营的"兴农商城"在2022年年初开始由农银金融科技有限责任公司运营;建设银行的"善融商务"平台运营主体自2022年4月25日起,变更为建信金服科技发展有限公司;民生银行的民生商城已经于2022年5月31日正式关闭;招商银行的网上商城也已剥离至体外,由上海玖盈公司运营。"融e购"等银行电商下线和转型,基本上宣告了银行电商时代的完结,这具有标志性意义。因为自建电商场景平台、推动金融服务与互联网场景相融合,恰恰是银行探索获客活客场景的开端。银行电商的启幕与退潮,在某种程度上正是中国银行业在过去十年对数字化获客艰难探索的缩影。

2012年，建设银行启动"善融商务"电商金融服务平台，这也是银行首次跨界电商领域。其直接背景是建设银行、工商银行与阿里巴巴小贷业务合作的终结——2007年，阿里巴巴与建设银行、工商银行分别建立合作，先后推出"e贷通"及"易融通"贷款产品，主要服务于中小电商企业。在这一合作体系中，阿里巴巴相当于银行的销售渠道及信息提供商，帮助银行评估信用风险，同时也想帮助电商企业融资，推动电商生态的整体发展。但是上述合作的时间并不长。阿里巴巴先后成立了浙江阿里巴巴小贷公司及重庆阿里巴巴小贷公司。而建设银行则是在2012年成立了行业内第一个银行系电商——"善融商务"。紧随其后，交通银行"交博汇"、农业银行"e商管家"、中国银行"中银易商"、工商银行"融e购"陆续上线。催生了传统银行跨界电商的一波浪潮。[①]

自银行自建电商开始，中国银行业在数字化领域开始贯彻跟踪互联网公司的战略。不过，银行与互联网公司具有完全不同的基因禀赋，双方也具有不同的业务立足点。在这种情况下，"跟随战略"让银行付出了极大的机会成本。在2013年支付宝和微信押宝二维码支付，全力进军线下市场之时，中国银行业则正忙于补齐电商短板，开发手机银行和微信银行（移动版本的网银），开发银行版快捷支付（线上支付）。直到2016年，主要城市的移

[①] 刘兴赛. 平台银行[M]. 北京：中信出版社，2021.

动支付习惯以及"双寡头"格局已经形成,线下移动支付的战略地位才被一些银行提升到金融服务入口的层面,并开始积极推进已经成为行业主流模式的二维码支付。[①] 但彼时,银行业已经错过了迈向未来的风口。

不过,2016年以后,我国金融科技创新不断加快,为银行业的数字化提供了互联网公司网络商业模式创新以外的新视野。国内银行终于开始摆脱对互联网公司被动的追踪和模仿,重新立足于金融,思考金融与场景融合的领域与路径。在此情况下,一些银行加大了对政务、税务、用电等大数据普惠金融快贷产品的开发。进入2018年,开放银行概念兴起,银行则试图通过应用程序编程接口(API)或软件工具包(SDK)形式,将自身服务嵌入外部场景中。不仅如此,一些银行还试图通过赋能政务和公共服务信息化、数字化,来获取金融服务入口。当前,通过推动乡村信息化和数字化,打造"非金融场景—综合金融"平台,则成为新旧农村金融主体竞争的新焦点。

对于搭建生态、推动场景获客活客,从跟踪战略到主动探索,中国银行业已经走过十年历程,但很多银行仍然在探索之中。不仅如此,面对日益庞大的投入,银行在客户和场景触达与经营上,取得的效果和实施初衷仍然存在巨大的差距。面对日益深化的经济社会数字化浪潮,银行的获客活客能力成为银行能否有效对接数字化时代的关键所在。与传统网点的"坐商"模式不

---

① 刘兴赛. 未来银行之路 [M]. 北京:中信出版社,2019.

同，面对互联网巨头跨界金融的冲击，中国银行业亟待将数字化背景下的主动获客能力建设，作为数字化的基础战略和前驱战略，加以建立和完善。

明晰银行场景战略的数字化视角

场景战略是银行建立主动获客能力、实施数字化触达战略的重要内容。当前，各主要银行都根据自身的战略意图以及禀赋特征，制定了自身的场景战略。

围绕政务、产业、贸易、消费等重点领域，通过聚富通、API 平台、金融生态云等开放平台，工商银行构建起跨境电商、智慧政务、数字供应链等互联网场景 6 000 余个。建设银行推动公共服务、公交出行、生活缴费、商户消费、社区居家等个人用户场景建设，搭建"惠懂你"普惠信贷服务、企业智能撮合、供应链金融等场景平台，推动"一网通办"的智慧政务场景生态建设。农业银行则以"三农"、普惠、供应链三大系列线上融资产品为突破重点，聚焦政务民生、消费零售、产业链三大类场景，打造"农银智慧+"场景品牌。针对跨境、教育、银发、体育四大重点领域，以及"衣、食、住、行、娱"等不同民生服务方向，中国银行力图打造开放、共赢的场景业态。

不过，从行业整体情况来看，中国银行业的场景战略管理工作还存在诸多误区与挑战。"场景"概念，作为戏剧、影视剧中的"场面"、现实生活中的"情境"，广泛存在于人们的语境中。但正是因为如此，概念的泛用，恰恰掩盖了作为数字化专属概念背后所隐藏的特殊内涵与逻辑，大幅降低了一些银行场景战略管理工作的质量与高度，让银行场景战略流于银行想当然式的主观选择。

第一，场景战略与数字化带来的"流量入口"竞争相联系。"场景"之所以重要，之所以成为问题，就在于它是经济社会与社会治理环节线上化、数字化、平台化的基本单元。对银行而言，它带来的是客户及其行为的线上化、数字化。但与此同时，高频场景的稀缺性、平台竞争的排他性、平台金融服务接入的有限性，使银行在经济社会数字化的进程中，对客户的触达成为关键性问题。在这种情况下，银行场景战略的逻辑起点首先是基于数字化手段对用户（客户）的争夺上。但在行业实践中，很多银行往往忽略了银行场景战略的上述内涵，突出表现在场景制定的非竞争导向，更多是考虑自身需求，而对同业竞争、自身禀赋考虑比较少；以及场景战略选择泛化和随意，而不是从数字化进展、数字化进程角度来深度论证场景选择的可行性。

第二，业务战略不能等同于场景战略。场景的终极意义在于带动银行业务的发展，但业务战略并不等同于场景战略。以中国银行的跨境金融业务为例，其通过"中银跨境GO"App，将自身跨境汇款、结售汇、外币现钞预约等十余项优势金融产品，与留学规划、语培课程、签证等特色非金融服务场景相整合，通过线上化、数字化方式，为客户提供全流程、一站式的跨境服务。在这里，跨境金融业务是业务战略，而跨境服务中的留学规划、语培、签证则是场景内容。业务战略分析并不能代替场景战略的科学化、精细化分析，其根本原因就在于两者对于银行的意义存在巨大的差异，两者思考的基点存在明显的不同。业务战略直接考量的是业务价值、财务贡献，而场景战略的出发点则是客户的触达。业务战略与场景战略混淆，带来的是场景战略分析的粗放和随意。实践中，将业务战略混同于场景战略，是较为普遍的现象。但问题在于，一些银行业务考量上的重点领域未必具有良好的客户导流作用；同样，具有良好的金融入口意义的数字化场景，也未必是银行重点获利的业务领域。

第三，个体银行场景战略需要服务于个体银行的核心业务、特色业务。过去很长时间内，银行的数字化表现为渠道的数字化——电子银行、手机银行的发展。最近几年，零售业务与数字化的结合日趋紧密。在这种情况下，基于银行数字化推进的轨迹，一些银行把电子银行部或零售银行部等部门自身的场景资源配置作为银行整体的场景战略。但这种缺乏企业视角的部门级场景战略，并不能保证相关战略与银行自身的核心业务、特色业务相联系，造成银行场景战略与业务战略脱钩的现象，场景战略本身失去了银行经营发展核心动力的支持。因此，场景战略必须与核心业务、特色业务相连接。在这方面，平安银行基于集团综合金融服务优势，通过关键垂直市场场景来推动零售业务发展，具有很强的启示意义。以平安"好车主"卡为例[1]，该卡由平安银

---

[1] 俞如忠．以科技促业务，以场景得客户，构筑信用卡行业发展新生态［J］．中国信用卡，2021－01－20．

行与平安产险联合发行，整合了银行和产险双方的资源，实现权益打通、App 打通、服务打通的"一卡三通"。通过打造汽车消费垂直生态闭环，一张卡片可以为持卡车主提供几乎所有与汽车和生活相关的服务——不仅提供 88 折加油、8.8 元洗车、免费代驾、出行保障等服务，还能实现 30 秒一键续保、违章查缴、ETC 助手、汽车分期、年检代办、车损测算等汽车金融服务；同时，该卡还为车主提供美食外卖、视频网站会员等生活领域的权益。

第四，场景战略具有资源配置功能，其本质却是关于商业模式、业务模式的创新战略。对大多数银行而言，场景战略是一种市场战略、市场资源配置战略，决定了银行营销资源配置的方向。但"场景"真正的精神实质是数字化所带来的银行商业模式与业务模式的创新。在场景数字化的背景下，银行服务与场景平台融合，是银行的基本形态。通过用户和生态的集聚，以及高频的、数字化的场景服务交互，实现用户洞察和深度经营是平台银行的本质。因此，银行的场景选择，不仅要考虑场景的重要性，更要考虑集聚生态、建立高频交互的可行性，以及场景平台运作模式下场景与金融的融合性。

综上，银行数字化的变革，其逻辑开端始于客户的线上化和场景化，而银行的场景战略，则是对经济社会数字化进程中银行形态及其行为进行重塑的企业级回应，重在回答在数字化时代，银行如何通过战略资源配置以及核心业务、特色业务发展，来解决获客问题、商业模式创新问题（见图 2-1）。简言之，银行的场景战略必须在战略管理和战略实施的全过程中贯彻企业级的数字化视角,从数字化角度来理解、判断个体银行场景战略的科学性、可行性。

建立竞争导向、基于自身禀赋而非单纯自身需求的获客战略 —— 获客 — 战略资源配置 —— 资金、人员、资本等战略性资源投入的依据

场景战略

场景战略的价值最大化、资源配置的最大化、内生发展动力最大化 —— 核心业务特色业务 — 商业模式创新、业务模式创新 —— 生态集聚、金融和非金融服务的融合、高频交互、用户洞察、深度经营

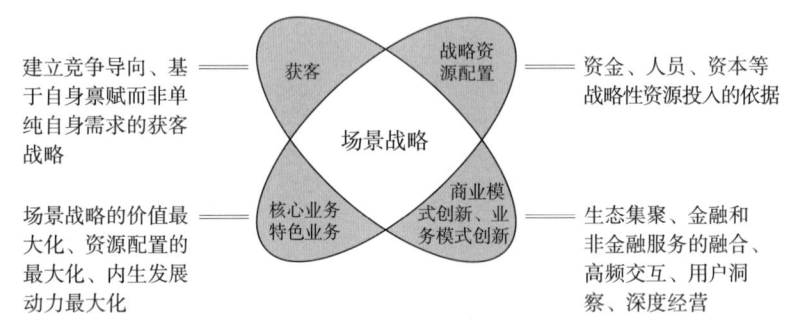

图 2-1 场景战略的构成因素与功能

把开放银行打造成为与场景和生态竞争相适应的银行体系

场景战略界定了个体银行获客、活客的关键领域。场景实现价值,还有赖于基于场景构建的可持续发展平台及其生态体系。所谓生态,是指围绕一定的场景和平台,众多供求双方以及平台管理方所构成的共生、共存的交互体系。

在数字化时代,为了应对平台和生态竞争的排他性和稀缺性,提高获客活客能力和服务效率,银行个体需要作为要素供给方和金融服务方,将自身服务嵌入场景和生态中。但这也带来不同银行关于场景和生态的竞争问题。实践中,我国银行业主要通过发展开放银行体系、自建场景生态以及赋能经济社会数字化等形式展开上述竞争。

开放银行是银行依托标准化的API、SDK等技术工具,通过与场景平台共享数据,将金融服务嵌入场景生态的银行业务模式和商业形态。2018年7月,浦发银行在业内率先推出API BANK无界开放银行,标志着我国关于开放银行的构想正式落地。多年来,我国银行在开放银行发展上进行了诸多探索,主要工作包括:整合内部产品和服务,建立API、H5、SDK、金融云等多形态输出,以及App、公众号、小程序等多渠道接入的开放银行体系;建立开放银行服务管理平台,管理外部互联网平台的接入与开放银行产品和服务的输出;推动"金融+非金融"跨界合作,建立融合G端、B端、C端服务场景的生态体系。

总体而言,我国开放银行的发展,与行业期待还是存在一定的差距。当然,这也和相关理论工作者赋予开放银行太多期待,将太多的银行数字化内涵赋予开放银行有关。

过于宏大空泛的概念、内涵,在造成开放银行理论和实践脱节的同时,也导致各家银行的开放银行战略定位模糊,工作难以聚焦于开放银行在现实市场中的核心价值以及基于个体银行禀赋的关键领域,无法建立有针对性的开放银行发展机制。

于是,开放银行就退变成银行数字化时代银行产品和服务的一种输出模式,即通过技术接口和统一平台管理所实现的产品和服务的集成化、标准化、可复用输出模式——开放银行事实上成为一种产品和业务的中台体系。

不过,上述体系在满足了开放银行对接场景的敏捷交付要求的同时,却忽略了开放银行作为一种平台化的商业模式所具有的关键意义——建立在对数字化以及场景深度洞察基础上的金融与场景的适配能力，开放银行的场景竞争导向，开放银行的体系变革需求。

理解上述内容，需要把握我国开放银行概念发展的脉络，以及中外开放银行发展模式及其动因的差异。事实上，纵观国内开放银行的发展脉络，相关理念与模式其实早就以银行与大型客户、核心客户直接对接的银企直联的形式存在。只是随着经济社会数字化的深化，客户的线上化、场景化日益普遍，在这种情况下，强调银行与场景合作的开放银行概念，就进一步获得了落地生根的土壤。

不过，与国外开放银行自上而下由监管推动的情形不同，国内开放银行的发展更多是来自商业银行的自发发展。相应地，国外开放银行更重视数据的分享，而国内开放银行相关业务的发展却并不涉及核心数据的分享。相反，开放银行的第三方场景连接价值是国内开放银行发展的关键动力。也就是说，数字化背景下场景和生态竞争才是国内开放银行发展的初始动因。

不难看出，在市场机制为主导的情景下，结合我国的实际情况，国内开放银行的进一步发展，亟待回归其作为场景和生态竞争方式的商业初衷——数据分享是为个体银行的场景生态竞争服务的，开放银行不是银行数字化的全部或者本身，而是银行融入场景和生态的一种平台化的商业形态和业务模式，要将开放银行体系置于场景平台竞争和平台生态构建的商业框架内进行思考和设计。

具体而言，当前中国银行业既不宜把开放银行做成一个完整未来银行的模样（从而失去务实的切口和动力），也不适合将其单纯做成产品和服务中台，甚至是一种渠道体系，而是要在银行数字化的背景下，把开放银行打造成为与场景和生态竞争相适应的前、中、后台一体化的银行体系。

第一，建立与场景战略相适应的开放银行体系。根据数字化场景战略，建立和完善开放银行的产品和服务体系；深入了解各个业务场景的数字化模式、业务流程，洞悉其背后的潜在金融服务需求，为客户提供强针对性、敏捷高效的金融服务；深入研究目标场景的业务模式和商业逻辑，建立与目标场景相适应的开放银行业务模式和风控模式；建立与开放银行产品和服务相适应的场景营销体系，强化战略性场景的营销工作；强化金融科技的场景应用，优化业务流程，提升客户体验。

第二，建立资源共享、能力互补的生态联盟。合作共享是开放银行的核心理念，广泛的生态合作可以为开放银行运作提供良好的助力。现实中，开放银行的场景生态构建，可以基于两类形式：一是基于特定场景平台来构建相应的生态体系；二是超越单一平台，基于某项主旨构建起生态联盟。后者涵盖的主体更为广泛，它不仅具有传统生态体系的基本功能，更具有良好的公共宣传与营销推广价值，是生态运作的重要抓手。

第三，提升定制化产品和服务能力。在开放银行经营中，我们应摒弃从银行自身视角看待客户以及场景数字化的习惯，而是要从客户需求和场景特点出发来看待开放银行经营。因此，有竞争力的开放银行产品和服务,并不是对当前现有产品和服务的简单集成。开放银行要根据对客户需求和场景特点的洞察,提高定制化产品的供给能力,满足客户的差异化需求。

第四,打造特色化产品和服务体系。[1] 目前来看,各大开放银行选择的产品主要包括支付、账户等产品。作为银行的基础产品,相应的功能模块已非常成熟且容易标准化,不过,不同银行相关产品差异不大,具有同质化倾向。因此,打造开放银行的特色产品和服务,成为一些银行的选择。例如,工商银行在开放平台中加入了员工薪资服务,包含向开通银企互联财务室功能的企业提供支付转账与查询服务。这种特色服务,一方面来自个体银行传统经营特色,另一方面也和个体银行场景战略相关,基于个体银行对特定数字化场景业务模式的深刻洞察。

第五,建立、完善开放银行管理服务平台的推广与运营体系。银行不可能就所有场景进行主动市场开发,一般情况下,开放银行很大一部分产品和服务要通过"被动"获客的途径实现对客户的触达。在这种情况下,围绕开放银行管理服务平台所进行的推广与运营活动就显得异常重要。不过,目前我国开放银行的运营意识和水平还不够,建立、完善开放银行的推广与运营体系已经成为开放银行建设的重要工作。开放银行管理服务平台的客户管理、产品与服务管理、内容管理、平台界面管理、智能与人

---

[1] 张亦辰,王凯鸽. 开放银行发展现状及趋势分析 [J]. 银行家,2020 (12).

工客户服务、平台技术工具支持、交流社区和学习专区建设，是上述工作的主要内容。

在推动经济社会场景数字化进程中获取场景和生态竞争优势

通过开放银行建立与场景平台的合作关系，将自身服务嵌入场景生态中，对银行而言，这是一种理想的模式，因为这可以让银行专注于金融专业。但在现实中，作为一种平台化的商业模式，平台是稀缺的，对很多银行而言，获得场景生态的接入权是困难的。

不仅如此，一些流量较大的平台往往跨界金融——蚂蚁集团依托阿里系电商以及支付宝发展微贷等业务；微众银行依托微信开发了"微粒贷"；滴滴围绕"车—司机—乘客"的出行场景开展了保险、信贷、分期、理财、支付等金融业务；美团金融基于商家流水数据做商家周转贷款，基于消费者数据做消费信用免押、信用支付和信用借款。在这种情况下，开放银行在银行的场景战略中的价值是有限的。为此，一些领先银行试图将银行场景竞争前置到外部场景的构建环节，即通过推动经济社会场景的数字化进程、介入战略性场景生态平台的搭建，来获取场景和生态的竞争优势。

前文介绍过，我国银行强化场景竞争的尝试始于银行跨界电商，但相关尝试的效果与银行的预期还存在比较大的差距——银

第二章 建立具有主动获客能力的客户触达体系　　49

行自建场景之路走得似乎并不顺利。于是，一些银行将尝试的触角转向帮机构建立场景平台，通过为机构客户提供信息系统或帮助建设信息系统，来获取存款、结算资金等战略资源以及相关的衍生业务机会。例如建设银行利用"善行宗教""安心养老""党群服务""智慧政法"等机构业务平台拓展机构业务市场。

与此同时，随着智慧城市概念的发展，一些银行将着力的重点转向智慧医疗、智慧交通等领域。例如，在智慧医疗领域，建设银行推出"建融智医"平台，为医疗机构提供云 HIS（医院信息系统）服务或功能模块，为医疗生态提供"金融+非金融系统服务"解决方案。而作为关键的 G 端导入的综合入口，智慧政务成为领先大型银行探索的新领域。工商银行联合雄安新区管理委员会共同发布"征、拆、迁"资金管理区块链平台，与宁夏回族自治区政府合作推出"我的宁夏"政务 App。建设银行则在云南、山西、重庆、山东等地打造"一网通办"的智慧政务模式。

最近几年，随着乡村振兴战略实施的深化，大型银行开始下沉农村基层。配合农村集体产权制度改革，工商银行、农业银行、建设银行都构建了各自的"三资"（资产、资金、资源）管理平台，以争夺农村集体经济金融服务的主导权。同样，赋能智慧乡村和智慧政务，也成为一些大型银行场景战略的重要领域。2020 年 9 月，建设银行参与建设的山东寿光"蔬菜智慧管理服务平台"正式上线运行。2021 年，建设银行与河北省联合开发上线集智慧政务、产业化服务、便民生活、助农金融服务于一体的"裕农通"乡村振兴综合服务平台。

银行将自身在数字化生态中的角色前置，通过推动经济社会场景信息化和数字化来赢得场景竞争优势，反映了银行在金融与科技方面的综合优势，也反映了当前我国经济社会数字化尚处于深化发展关键阶段的战略机遇——尽管经过20多年的发展，我国在电子商务、移动支付领域取得了长足进展，但一、二产业的数字化大规模应用才刚刚开始，而第三产业中的智慧城市、智慧社区、智慧政务仍在演进中，本地生活的细分化还有巨大的发展空间。这些都为银行的场景战略前置提供了空间。

不过，需要提出的问题是，科技公司借由场景走向金融，是否就意味着银行可以借由金融反向走向场景呢？正如银行系电商的折戟沉沙，上述探索背后的深层次问题需要我们去思考和反思。从技术上分析，银行系电商主要有如下问题。

第一，一些银行把"亦商亦融"看作银行跨界电商的优势和商业逻辑所在，但问题在于，电商平台上的商户对"融"的部分更为敏感，但"融"并不是消费者交易的关键影响因素。在这种情况下，看似有着自身独特优势——融资——的银行系电商，其在以消费者为关键生态参与者的生态构建上，将无法发挥其优势。

第二，平台世界的市场结构，多是以"双寡头"竞争为特征，作为成熟的电商市场，给后来者的生存空间极为有限。在这种情况下，重构电商的商业模式，以差异化战略切入成熟电商市场就异常关键——无论是"拼多多"以社交拼团、低价模式切入电商市场，还是"东方甄选"借由新东方转型的话题性、新东方老师的演播优势，以直播电商模式切入电商市场，其实都是上述逻辑的注脚。但显然，银行系电商缺乏相类似的创新，来为其开拓新的生存空间。

第三，禀赋、模式固然重要，但作为电商平台，久久为功的经营深度同样重要，但大多数银行在电商发展上往往摇摆不定，"三心二意"的特征明显。而以内源为主的投入机制，也难以保证平台获得持续高强度的投入。经营深度不足，突出表现在平台运营持续停留在较低水平，客户体验难以获得持续的提升。

第四，电商平台秉持了互联网的属性——流量、体验、速度，这与银行的稳健、保守气质大不相同。银行系电商的团队主要挂靠于银行的网络金融部等渠道部门，大多秉持银行人做电商的安排。不仅如此，分支行层面的人员很多都是以兼职身份来参与运营。自此，理念、行为、专业上的差异，也成为银行系电商重要的短板。

各大银行自建电商在技术上面临的挑战似乎各不相同，但本质上，它们都来自银行自建电商固有的商业逻辑缺陷和商业精神缺失。对银行而言，电商只是作为银行客户引流、发展金融业务的一种渠道而存在，是为电商平台上的金融服务的——银行系电商平台并不是一个独立的、具有完整商业逻辑的经营实体。于是，它的盈利不重要，独立生存能力不重要（独立生存能力不一定要求短期直接盈利，比如具有良好的市场前景，或者吸引创业投资乃至上市融资的能力），资金是内源的，人员是银行体系内的；对银行系电商人而言，他们的工作仍然是成熟组织的经营管理行为，并不是即生即死的创业活动。在银行看来，搭起电商生态的架子、引入商户似乎就万事大吉，而殚精竭虑的创业创新不再重要，持续提升运营水平和客户体验也不再重要。

显然，与经过市场洗礼的、成功的电商平台相比，银行系电商只具有上述平台的"形"，而无其"实"，更缺乏正常商业竞争中所应具有的创新创业的底层精神。

相对于银行自建场景，银行在机构营销和机构业务拓展中所推动的信息化、数字化工作，其商业逻辑更为清晰，银行的角色和优势也更明显。以建设银行的"建融智医""善行宗教""安心养老""党群服务""智慧政法"等平台为例，它们大多具有公共服务属性，平台的终端用户明确，而终端用户使用平台具有一定的指定性和强制性，因此建立平台的场景生态要更为简单一些。而且，上述平台的核心解决方案大多是银行的支付、结算功能，这恰恰反映了银行的禀赋优势。同时，银行与机构客户为"一"对"一"合作关系，平台接入的银行机构具有唯一性，银行的商业利益有保证。

与建设银行的几大平台类似，招商银行的"薪福通"也是通过赋能数字化的思路来获取营销优势，只不过"薪福通"主要针对企业。2021年10月20日，招商银行发布"薪福通3.0"，为对公客户提供集人事考勤、财务管理、OA审批的一站式企业数字化SaaS服务。① "薪福通"以传统的代发工资业务为切入点，

---

① 周蕾. 从招商银行"薪福通3.0"看对公金融的"非典型"打法[EB/OL]. 2021-10-23. https://www.shangyexinzhi.com/article/4293967.html.

从最基本的支付结算服务开始，沿着企业内部管理的脉络，延伸到算薪、算税、薪酬代发、财务费控、人事管理、团体福利、协同办公等一系列非金融场景，具有常见的财务核算、智能费控、数字化差旅审批报销等功能，也支持投入产出比、人力成本、人力效能与投资回报等各项企业数据的分析。"薪福通"还整合了招商银行在零售业务端的丰富权益和功能，并针对餐饮、人力资源、制造业和高新技术四类行业制订了针对性解决方案。

相对上述几类平台，一些大型银行介入政府的智慧政务平台建设，其战略逻辑需要进行更加详细的分析。数字政府以及智慧政务的发展，本质上是政府治理及其运行方式的重大变革。而银行积极介入政府以及政务的数字化进程中，有利于银行构建与之相适应的服务方式并重构银政合作关系，巩固银行的机构业务。事实上，作为机构业务，政府业务在银行的对公业务发展中，尤其是机构存款业务领域，占有重要地位。但更为关键的是，银行通过协助政府构建政务平台，在于获取战略性经营资源，并构建起由 G 端链接的服务场景与经营生态，赋能银行的数字化经营。总体而言，银行介入智慧政务有四大内涵。

第一，推动银行机构业务创新。银行介入智慧政务，成功将自己与政府的传统的客户关系，转变为合作伙伴关系，有利于银行机构业务的客户开发。智慧政务成为连接银行和政府的新桥梁，为机构业务竞争提供了切入点。

不仅如此，通过深度介入政务平台建设，有利于银行更好地熟悉数字化背景下政府业务流程演变规律，掌握机构资金流向，推动机构业务创新。银行可以将综合化金融产品等一揽子金融服务，无感嵌入政务办理的过程中，丰富了机构业务的形态与内涵。

第二，推动获客、活客方式的创新。智慧政务面向社会全量客群，涉及 G 端政府、B 端企业以及 C 端个人，且具有唯一性，具有良好的获客引流价值。其中，一些核心业务场景还可以直接带来用户注册或金融产品使用，如在工商注册登记流程中嵌入银行的对公账户开立流程，银行在企业主在线办理企业开办的时候，即可实现从源头获客留客。

不仅如此，一些银行，如建设银行、工商银行，还将智慧政务与广布的银行网点服务相结合，将网点建成百姓身边的政务办事大厅，而社保、医保、公积金等与金融高度关联的高频政务事项则为网点带来了获客活客的商机。

第三，优先获取政务、公共服务数据，改善经营环境，赋能业务发展。其有两个途径：一是政务数据、公共服务数据与银行征信数据的有机融合，助力政府打造线上信用平台，构建覆盖企业和个人、城市和乡村的全社会信用体系，从而间接助力银行信用环境改善；二是政务数据、公共服务数据的获得和引入，有利于银行构建更为有效的大数据经营体系。人社、税务、市监、电力、不动产等各类经营类数据与金融服务数据的融合建模和应用创新，为银行的业务发展，尤其是为银行的普惠金融业务发展创造了条件。

第四，通过政务场景链接、衍生，拓展业务场景，构建综合金融服务生态。围绕政务服务事项，通过数据的分析和应用、政务类资金拨付和监管等内容，加强智慧政务向企业经营以及民生场景的拓展延伸。通过政务的场景链接和产品价值衍生，扩大产品服务覆盖面，建立银行的 B 端与 C 端金融服务生态。如在工程项目审批—公共资源交易场景关系链中，通过线上流程跟踪，对应客户事项进展时点，精准营销推送企业开户、投标贷、中标贷、投标保函、投标保证金等产品，形成价值服务体系。

当然，对介入智慧政务平台建设的银行而言，相关战略可持续性是一个绕不开的问题。因为尽管一些银行将战略前置，意图通过介入政务平台建设来争取资源、构建数字化经营体系，但本质上，政务平台的场景和生态是向所有银行开放的。作为平台建设和提供方的银行，并没有获得独家的生态开发权。在这种情况下，相关银行如何实现自身的战略初衷，获得相应的战略利益，就显得异常重要，尤其是在一些银行选择无偿为政府提供平台时。具体而言，其取决于几个要素。

第一，银行科技的市场化竞争能力。银行要具有与科技公司同样或者胜于其的竞争能力，这是银行智慧政务战略可持续发展的前提。智慧政务并非简单的线上化、数字化，而是体制与服务思维的根本转变，去条块化，打破部门间信息壁垒，畅通事项办理流程，建立以便民为宗旨的政务服务、公共服务、民生服务一体化服务体系，实现简政放权，激发活力，重构政府、社会、公民之间的关系，这是智慧政务的宗旨所在。因此，政务事项流程的梳理、重构、优化以及标准化，与系统开发能力一样，是银行深度介入智慧政务的重要能力基础。

第二，基于银政合作关系的直接业务权益。对政府客户的撬动并实现相应的业务权益，是银行介入智慧政务的直接战略收益。从当前来看，其主要有三个部分：一是借由智慧政务平台落地，银行所实现的机构业务存款业务发展；二是对接政务服务平台，银行推动不动产交易、非税、社保征收、法院诉讼费、学校学费、医院诊疗、水电煤气等多类服务场景支付缴费业务的发展；三是在政务补贴发放、财政资金、校外培训、养老服务、农民工工资保证金、公证服务等场景的监管业务发展，并由此带动资金监管客户拓展以及存款增长。上述业务利益能否实现以及实现的程度，反映了相关银行智慧政务战略实践中的直接成效。

第三，基于技术和经营能力所实现的对政务场景的深度开发能力。直接机构业务权益固然重要，但银行介入智慧政务的战略意义，更在于银行通过数据赋能、客户获取、场景连接，来构建银行数字化的经营生态。这不仅取决于银行与政府的关系，更在于银行个体依托科技与经营能力是否能实现对政务场景的深度开发。数据共享技术以及数据建模能力、客户链接能力、场景衍生能力、产品开发能力是上述能力的关键所在，并决定银行智慧政务战略的成败。

从以上分析可以看出，智慧政务战略的选择，需要银行充分关注自身战略目标的实现问题，基于自身的相关能力，从商业化和可持续性原则出发，制定智慧政务战略，科学地选择介入智慧政务的深度和广度以及实施的具体策略，合理选择在银政合作中的银行角色。

第三章
打造人与互联网有机融合的服务形态

从对立到融合的网点转型之路

建立具有战略导向的触达体系是银行获客的基础，但吸引客户、活跃客户以及留住客户同样重要，这就依赖于基于网点和手机 App 的服务形态进化和创新。

从网点的角度看，移动支付对纸币和银行卡收单的替代，让银行物理网点失去了由高频触达带来的客户交互机会（从现实情形看，我国主要城市移动支付习惯初步确立于 2016 年，而这一年恰恰也是我国主要银行自股改之后，网点首次减少的关键年份）。于是，银行网点开始了其"客户流失—绩效下降—员工服务质量下降—客户体验下降—客户流失"的循环进程（见图 3-1），被迫走上转型之路。不过令人诧异的是，历经几番探索后，被互联网剥夺了"未来"的网点，却在与互联网相对接的融合发展之路中，渐渐找到自身转型发展的"未来"——银

客户总量下降,业务内容单一,业务和产品贡献度下降,单一客户价值不足

绩效下降

网点的绩效不断下降,经营压力与相对不断降低的收入水平,不断减少的人员配置,特定的服务内容,让网点服务质量下降

员工服务质量下降

网点

客户流失

客户体验下降

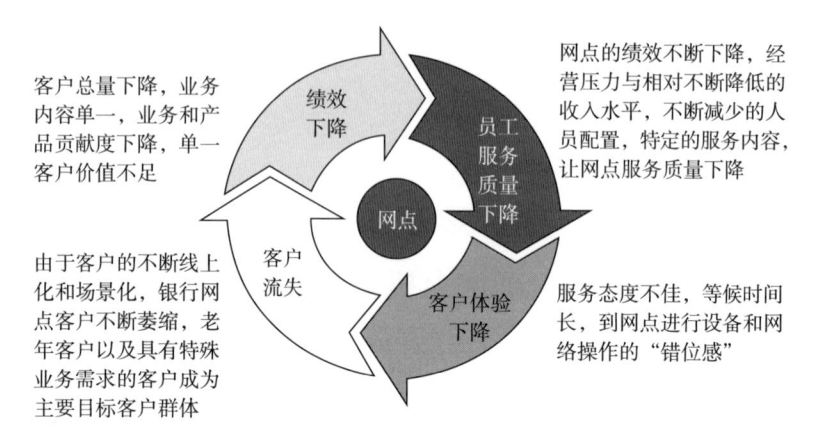

由于客户的不断线上化和场景化,银行网点客户不断萎缩,老年客户以及具有特殊业务需求的客户成为主要目标客户群体

服务态度不佳,等候时间长,到网点进行设备和网络操作的"错位感"

图3-1 网点的收缩——不可逆转的恶性循环

行网点的转型方向开始初现端倪。

面对互联网的冲击,早期的银行网点转型还停留在物理网点自身的框架内。面对网点的收缩,建设银行等银行积极推进网点"三综合"转型,在全国推进综合性网点建设,将原本只能办理个人业务的网点转变为可同时开办对公业务,推行综合柜员制,建设综合金融服务团队。与建设银行推动综合网点不同,民生银行、兴业银行、光大银行等股份制银行则积极探索社区支行建设,意图通过轻型网点走进社区,来扭转网点与客户疏离的困境。当然,面对互联网的冲击,在网点广设自助机具也成为银行本能的反应。于是,近些年银行网点还掀起智能化改造的大潮。

总体而言,我认为,物理网点既有框架内的转型,只是从时间上缓解网点收缩的进程,并没有从根本上解决网点在数字化大潮下的定位与发展问题。具体来看,网点智能化发展方向与其客户的老龄化趋向其实是背道而驰的;综合化、旗舰化,也只是通

过功能和业务集中化来降低单位成本，缓解网点的绩效压力，并没有改变网点的收缩方向，只是一种被动的成本绩效反应。至于社区银行，通过走进社区，赋予网点独特的存在价值，但本质上，它是一种精耕细作的方式，需要精准的客户定位、强有力的执行文化、充满温情的人本服务，对银行的服务水平要求极高。但即便如此，社区银行的发展仍然要面临提升生产力、提高效率的问题。

在此情况下，走出既有框架的束缚，成为银行网点转型的新思路，而将银行网点与公共服务功能相对接，成为一些银行走出获客困境的一种选择。以建设银行为例，其从2019年以来就将网点办政务作为智慧政务战略的一项重要举措在全行推广：一是为更好地服务政务客户，为网点配置1~2名专职大堂经理，同时将政务服务纳入网点标准服务体系；二是按照"自助渠道部署为主、窗口服务跟进补充"的工作思路，在网点的自助服务区开辟"政务服务区"，由专人负责引导；三是将网点自助设备针对政务服务做适配性改造，将电子证照、人脸识别、NFC等新型技术与政务服务相结合，通过线上线下协同服务模式，实现网点柜面、智慧柜员机、ATM、龙易行等自助渠道的免介质办理，同时为网点的智慧柜员机增加政务附柜，配置高拍仪、彩色激光打印机等设备，满足用户对复杂政务业务的办理需求。

截至2020年年末，建设银行已实现全国除港澳台地区外，31个省（直辖市、自治区）网点办政务全覆盖，全行13 692个网点开放政务服务功能，占网点总数的93%。截至2020年年末，在建设银行网点可办、可查、可预约的事项已经超过 3 000 项，业务领域涵盖社保、公积金、工商、税务、公安、残联等 20 余类。

相对于增加功能，服务模式创新更加直面网点服务的痛点。以"建行到家"为代表的银行网点 O2O 转型模式，将网点转型的视野投向网点与互联网融合。

"建行到家"是国内首个银行业务线上办理小程序，它以现金、银行卡、交易流水等"实物交付"为突破口，通过整合多方资源，实现客户线上下单、银行接单处理、快递配送、客户收件的一体化服务流程。除了提供网点既有服务，"建行到家"还积极对接民生、政务服务工作。如通过与社保局合作，提供社保卡线上申请、快递送上门服务。

"建行到家"在深圳上线 21 个月，访问量超 259 万人次，注册人数突破 180 万人，订单总量超 157 万笔。① "建行到家"打破了物理网点必须到店办理、传统电子银行无法实物交付的局限，实现了物理网点、传统电子银行渠道之外银行服务和运营模式的创新。

"建行到家"通过网点服务与互联网的对接，实现"实物"业务运营的后台化和服务上门。不过，虽然互联网服务效率高、可以突破时空的限制，但对大多数人而言，其缺乏人与人面对面

---

① 刘志华，黄芮. "建行到家"打造金融新业态 取现金也可以不出门[EB/OL]. 2021-04-28. https://t.cj.sina.com.cn/articles/view/1895096900/70f4e244020014v91.

交流所拥有的温度和互动性。同时，当前一些高风险业务只能去网点办理，这给客户带来诸多不便。针对这些痛点，工商银行通过金融科技应用，推动网点服务的线上化和数字化，将网点人的服务与线上操作方式相结合，推出云网点服务模式。[1] 云网点用户可以通过公众号、小程序、App 等互联网入口，完成银行业务办理。

云网点服务主要应用音视频通信、人脸识别、光学字符识别（OCR）、远程审核、屏幕共享、电子签名等技术，并配合 5G 技术，通过客户身份核实、文字沟通、音视频沟通、视频审核等环节，实现用户与网点专属客户经理的线上直接沟通。同时，通过"屏对屏＋远程音视频审核"模式进行业务确认，以及办理重置密码等高风险业务。除此之外，用户还可以在云网点实现网点信息查询、网点预约排队、查询网点个性化推送的营销产品。

与工商银行相类似，招商银行也提出"将网点搬到线上"，并在 App 内推出"网点线上店"模式，不仅将以网点为基础的金融服务移植到手机上，还从客户获取与客户经营的角度出发，让各分行有权限借用总行 App，打造本地 O2O 客户经营闭环，定制当地特色的运营服务。

以上关于银行网点转型的探索，尽管有先后之分，但并不是完全替代的关系。在某种程度上，上述很多内容其实是互补关

---

[1] 吕涛．工商银行非接触服务创新体验［EB/OL］．2020 – 11 – 09. https://www.mpaypass.com.cn/news/202011/09100925.html.

系——不同的转型内容，不仅揭示了全面数字化阶段银行网点转型的全貌，也为一些受困于时代背景的举措，如综合化和社区化，提供了新的注脚和补充。总体而言，网点服务与互联网平台的有机融合已经成为网点转型的基本趋势，而线上线下一体化的平台，则是未来银行网点的基本形态。实现这一目标，当前银行网点的转型，需要做好三方面的工作。

第一，通过金融科技应用，建立包括线上智能化自助服务、网点人员线上化服务以及实物O2O到家服务"三位一体"的银行服务体系，实现数字化与有温度的银行服务的兼容。

第二，在网点服务与互联网平台服务有机融合的基础上，也就是数字化的基础上，推动网点走入社区，充分融入本地生活场景，尤其是公共服务与政务服务场景，建立网点与社区的业务和情感纽带，实现社区社群精耕细作与数字化的融合。

第三，以网点对接互联网以及走入社区服务场景为背景，以区域综合化和社区轻型化为主线，对银行既有的网点体系做进一步的整合、调整。

进化、重整中的银行 App 体系

物理网点的缩减，并没有对应银行 App 的兴起与繁荣。对银行 App 发展而言，近几年是一段不寻常的发展历程——"关停"与"整合"渐成业界发展的关键词。2020 年 7 月，光大银行将旗下"阳光银行"App 与手机银行 App 进行整合；2021 年 8 月，兴业银行终止"兴业企业银行"App 服务,并将相关功能迁移至"兴业管家"App;邮政储蓄银行则在 2021 年 12 月关停上线仅有一年的"邮储生活"App。

与上述事件相适应的是,历经 10 多年的发展,我国银行 App 用户增长情况正步入新的发展阶段。以招商银行为例,进入 2021 年后,招商银行 App 的流量增速趋缓,"流量天花板"似乎就在眼前。不过,招商银行 App 已经是累计用户数量过亿的超级 App——银行 App 似乎进入一个相对的存量客户时代。

近几年,银行 App 发展所遭遇的问题,反映了银行 App 因为移动支付式微而丧失高频交互业务基础的窘境——银行 App 的通道化、边缘化挑战(见图 3-2)。与网点一样,银行 App 也陷入低频陷阱。月活跃用户数(MAU)不足成为银行 App 的普遍挑战,多数中小银行的 App 更是"门庭冷落"。不仅如此,部门、

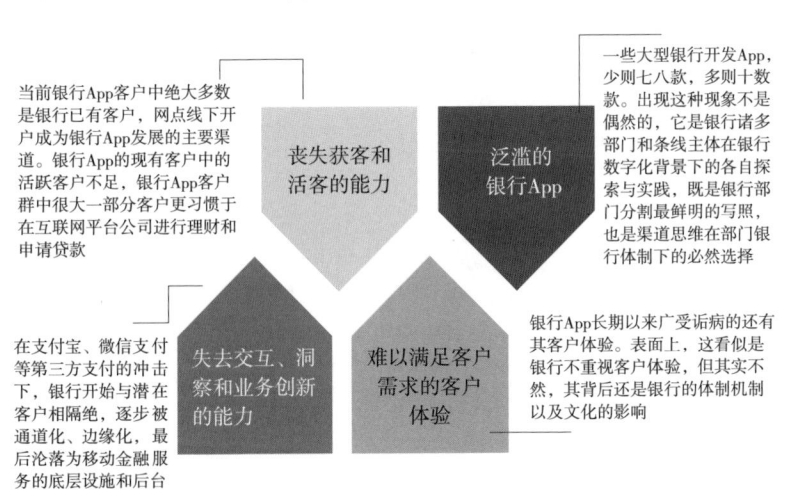

当前银行App客户中绝大多数是银行已有客户,网点线下开户成为银行App发展的主要渠道。银行App的现有客户中的活跃客户不足,银行App客户群中很大一部分客户更习惯于在互联网平台公司进行理财和申请贷款

丧失获客和活客的能力

泛滥的银行App

一些大型银行开发App,少则七八款,多则十数款。出现这种现象不是偶然的,它是银行诸多部门和条线主体在银行数字化背景下的各自探索与实践,既是银行部门分割最鲜明的写照,也是渠道思维在部门银行体制下的必然选择

在支付宝、微信支付等第三方支付的冲击下,银行开始与潜在客户相隔绝,逐步被通道化、边缘化,最后沦落为移动金融服务的底层设施和后台

失去交互、洞察和业务创新的能力

难以满足客户需求的客户体验

银行App长期以来广受诟病的还有其客户体验。表面上,这看似是银行不重视客户体验,但其实不然,其背后还是银行的体制机制以及文化的影响

图 3-2 银行 App 通道化、边缘化趋势

条线推动的渐进数字化以及 App 各自为政现象，进一步弱化了银行的流量和体验。而一些银行 App 的构建思路，还停留在线下网点的线上化，导致功能混杂、产品单一、客户体验不佳、运营不足等。

上述问题，主要反映了银行 App 发展所面临的两大问题：一是如何建立 App 自我获客及自生能力，摆脱依赖线下开户的获客模式，从而打破流量增长的天花板；二是如何通过精细化的 App 运营，提升 App 的 MAU，实现客户的深度经营。

对中国银行业而言，上述问题实际上包含三方面的深层次挑战，而事实上，国内领先银行在银行 App 发展上的诸多探索和举措，也恰恰围绕上述主线展开。

挑战一，如何建立基于银行 App 属性以及个体战略意图的平台体系。我国银行 App 经历了从"合"走向"分"的过程，但这也带来了银行 App 的粗放发展问题。动辄数款甚至十几款的 App，不仅造成客户体验差、客户分散、活跃度不足、分散运营、投入不均、运维成本高昂、重复投入等问题，也导致难以协同、数据分割、难以形成客户统一画像等问题。[①] 为此，近几年，明晰定位、调整 App 体系，成为行业发展趋势。主要模式有以下三种。

一是建立以主经营平台为统领的 App 体系，以工商银行为代

[①] 於学松，陈丹，余佳明. 银行 App 经营要做到"一盘棋"[EB/OL]. 2021-03-11. http://www.360doc.com/content/21/0311/22/55146264_966517709.shtml.

表。2021年工商银行移动端MAU突破1.5亿户。其以手机银行App为核心阵地，以"e生活"App生活平台为延展，以"兴农通"App服务县域乡村。其中，手机银行App定位为综合金融服务平台，提供专业、智能、安全、精选的金融服务；"兴农通"App是乡村金融综合服务平台，提供民生、普惠、村务、服务点四大类服务；"e生活"App定位为生活服务平台，以生活服务渗透金融服务。

二是重归大一统的平台模式，以平安银行为代表。平安银行零售端只有一个"平安口袋银行"App。通过"平安口袋银行"App，平安银行向用户提供网银、理财、信用卡、贷款等一站式金融服务。目前注册用户数13 492.24万户，MAU为4 822.64万户。

三是双核心的App格局。除了主平台模式、大一统模式，实践中，我国部分大型银行和全国性股份制银行秉持手机银行App、信用卡App的双核心App经营服务模式。

另外，在明确主次、整合App格局的过程中，一些银行重点打造具有自身特色的App平台。建设银行除了重点打造手机银行App、"建行生活"App，还重点打造了"惠懂你"等特色化App。作为小微金融服务的特色平台，"惠懂你"App围绕小微企业生产经营生命周期，利用结算、账户、涉农、供应链和第三方等多种数据开发专属信贷产品，提供专属融资功能服务，并整合了抗击新冠疫情专属服务、智慧城市等场景服务功能。

挑战二，如何构建符合互联网逻辑的金融服务平台及其生态。早期银行 App 更多是以交易型业务为主的渠道，但随着银行 App 非交易型业务功能的完善，以及银行为了提高流量而对接高频非金融场景业务，银行 App 逐步进化为银行经营的平台。即便如此，如何建立起核心的流量机制，仍然是大多数银行 App 的困境。

以当前众多银行打造的本地生活场景 App 为例，以"建行生活"以及招商银行的"掌上生活"为代表的 App，都整合了众多以支付结算、收单串联的本地生活场景。其逻辑初衷在于这些 App 最初衍生于信用卡权益网站的 App 化，其本质上是一种银行所构建的金融增值服务的生态体系。在这种逻辑下，相关 App 的核心流量机制就是信用卡支付功能的升级版——App 的支付功能。因此，如何建立起相关 App 支付场景、提高渗透率，就显得异常重要。比如，招商银行 App 10.0 版在全国 40 多个城市上线了乘车码。但显然，很多银行已经丧失在移动支付领域继续深耕的战略雄心。

当然，银行本地生活 App 尽管脱胎于信用卡 App，但并不一定要成为第二个支付宝。比如，随着 2.0 版的升级，"建行生活" App 的定位，从"找建行权益来建行生活"向"品质生活指南"进化，这说明"建行生活" App 正摆脱信用卡 App 定位的束缚。另外，这也启发我们深入思考，"建行生活" App 成为"品质生活指南"、吸引流量的核心产品或工具是什么。如果不是强大的支付场景适应性、支付渗透率以及各种权益，显然，简单成为一些重要服务商的接入列表也不是核心优势所在，那么，是建设银行基于大数据处理能力所呈现的对本地多元生活场景的洞察吗？

总之，清晰的商业逻辑是银行 App 建立流量机制的关键。而强化支付场景适应性、渗透率和权益功能，或进行更为广泛的开放性思考，重构平台的商业逻辑，则是银行本地生活 App 走出同质化困境的必由之路。

相对于吸引流量，从与金融相关联的泛金融场景到金融业务的转化同样关键，招商银行的思路是：一是通过发放饭票、影票优惠券，或提供分层客群专享商品，激励用户维持活跃甚至提升资产总额（AUM）；二是基于生活场景的高频流量转化，比如在用户对饭票、影票浏览和下单等流程中，推荐高相关度的理财、保险等泛金融产品。[①]

但从实践中看，无论是流量吸引还是业务转化，银行 App 在拓展泛金融场景中都面临着挑战。不过，这也迫使银行重新审视自身在构建 App 中的核心优势以及银行 App 的定位等问题。显然，对于金融自场景，不存在场景与金融分离的问题。在新冠疫情期间，一些 App 的流量受到一定影响，但金融场景的流量基本不受影响，这一事实就给了招商银行这样的领先银行以启示。

2021 年招商银行 App 再次聚焦金融自场景——大财富管理，重心转为强化 App 的金融服务能力，包括引入机构专业投教内容，用低门槛产品帮助用户建立线上理财习惯；搭建"招财号"财富开放平台，邀请外部机构入驻；推动技术上的人机结合，把

---

① 李惠琳，谭璐. 招商银行 App 进化史［J］. 21 世纪商业评论，2021（12）.

第三章　打造人与互联网有机融合的服务形态

线下的财富顾问服务优势搬到线上，提升用户体验。截至2021年上半年，招商银行App的线上理财投资客户数量3年翻一番，占到全部理财投资客户的97%以上。

挑战三，如何建立和完善基于用户和场景的金融、非金融一体化的数字运营体系。银行App从交易渠道向经营平台进化，其最大的差别就在于App的日常经营管理重心开始从渠道IT运维，向金融场景运营以及非金融场景运营进化。而平台运营的缺失，恰恰是一些银行App沦为简单的触客渠道的根本原因。相对于具有天然互联网基因的科技公司App，银行App的突出短板就在于平台运营。

从金融场景的运营看，其核心目标是通过客户运营和金融产品运营（当然，数据运营和风险运营是基础），实现金融业务的转化。其整体思路是对用户进行画像并丰富用户标签，再结合产品特点，明确用户的成长路径和生命周期各个阶段的用户特征，找到用户的真实需求。但当前大部分银行App在用户层面缺乏全面、统一且细致的画像体系，所以难以建立行之有效的用户运营策略。[1]

除了对用户有深刻的、统一的画像，匹配恰当的产品，也是金融场景运营的重要环节。相对于线下渠道，互联网在客户体验、用户特征等方面具有自身的独特性，因此，开发适合互联

---

[1] 西欧欧. 手机银行App的"平台运营"之道［EB/OL］. https://www.growthhk.cn/cgo/coo/46499.html.

网、具有明确用户定位的互联网化金融产品，就显得异常重要。但是，受制于银行 App 在内部的"渠道"定位，很多产品都是不加改造直接搬到 App 上，相关产品与互联网的契合度大打折扣；不仅如此，互联网的"放大效应"决定了大部分 App 只有通过打造爆款产品，才能在流量江湖上站稳脚跟。因此，银行 App 更应抛弃"大而全"，拥抱"小而美"，追求可以建立流量体系的爆款与精品。[①]

相对而言，银行 App 更乐于且更擅长金融场景运营，而弱于并忽视非金融场景运营。但对银行 App 而言，非金融场景运营其实更为关键，因为它是一些泛金融 App 商业逻辑的基础，是平台可持续流量的源泉，担负着扩大用户规模、提升用户活跃度及黏性的重任。总而言之，吸引流量、营销推广是非金融场景运营的核心命题。实践中，其主要包括内容运营、活动运营、权益运营、媒体尤其是新兴媒体运营、商户运营等内容。

当前，随着银行 App 发展日益陷入瓶颈，平台运营对于银行 App 的关键价值，已经越来越为业界所重视，强化非金融场景运营逐步成为共识，具体措施有二：一是建立、扩大非金融场景运营的专属、专业团队，以此来提高非金融场景的运营水平；二是构建用以敏捷交付、共享复用的运营中台体系。比如，招商银行搭建了包括魔方活动运营平台、红包平台、音视频直播平台等在

---

① 西欧欧. 手机银行 App 的"平台运营"之道［EB/OL］. https://www.growthhk.cn/cgo/coo/46499.html.

第三章　打造人与互联网有机融合的服务形态　　71

内的运营中台体系。相关体系大大提升了招商银行平台运营的自助化水平，以魔方活动运营平台为例，其可以让总分行在 5 分钟内快速配置并上线一个活动，并通过招商银行 App 触达目标用户。①

与招商银行一样，工商银行也将建立运营中台作为提高运营能力的发力点。目前，工商银行已经搭建起企业级的互联网运营平台，作为线上金融服务的"大中台"，能够实现对各 App 的智能化运营策略部署，结合客户的生命周期、资产状况与交易偏好，灵活开展智能推介、精准营销活动，并引入积分、立减金、保险等权益，实现从目标客户筛选、营销活动和权益配置，到客户触达转化的全流程运营。2021 年，依托运营平台，工商银行开展营销活动触达 23 亿人次，实现了超 8 500 万次客户权益的发放。②

通过平台一体化，推动银行网点与 App 运营和服务升级

银行物理网点与手机 App 在经历了线上与线下相分离的时期后，重新走向了融合发展的轨道。不过，尽管当前众多银行提出"线下线上一体化"概念，但其内涵更多是网点与 App 互为接口：

---

① 周蕾. 招商银行 App 9.0 上线：当一个十岁的 App 谈"新基建"与"杀手锏"［EB/OL］. 2020 – 12 – 11. https://www.leiphone.com/category/bank/CSH0JTSyxFhppidy.html.
② 郑岩. 手机银行 App 主平台运营模式探讨［J］. 金融电子化，2022（4）.

网点和 App 运营仍然分属两个体系，网点的重心仍然停留在线下，线上网点只有线上排队预约、上线个别客户经理的工作室等初级功能；而银行 App 的工作仍然浮在空中，App 运营难以有效深入本地和社区场景，无法实现 App 服务的深度和温度。因此，深化银行网点以及 App 的转型，亟待通过网点和 App 的平台一体化，来实现运营和服务的升级。

首先，明晰一体化平台的战略体系。打通体制、运营、组织障碍，是构建银行网点和 App 一体化平台的重要工作。但从战略上，需要明晰和解决三方面的问题。

一是银行 App 或者说互联网平台与银行网点的关系。在由线上平台和银行网点所构成的统一的线下线上一体化平台体系中，线上是更为主导性的入口。而对银行网点来说，借助金融科技，其实现了复杂、高风险业务的线上化，从而让自身的存在价值重新回归服务本身，而不是监管需要与风险防控要求。在此背景下，银行网点将更多地扮演平台运营支点的角色，更好地融入统一平台的运营当中。

二是银行 App 的场景战略以及平台模式选择对一体化平台架构的影响。采用何种 App 体系模式——大一统、双核主平台还是其他，本质上取决于银行场景的属性以及相关战略。从实践效果来看，银行场景战略的重点仍然是金融自场景，个体银行要在自身禀赋特征和战略导向基础上，选择特色化金融自场景的发展方向。当然，金融自场景的特色化，仍然可以采取两种模式，包括综合金融平台模式和单一特色金融自场景模式。如何选择，取决

第三章　打造人与互联网有机融合的服务形态

于个体银行战略。至于在泛金融场景以及跨界金融场景领域，个体银行只宜打造个别特色化平台。

三是在一体化平台框架下，银行网点的场景化战略选择。作为平台运营支点，银行网点一方面通过线上网点、O2O 服务模式，为辖区客户提供有温度、高效的线上线下融合的银行服务，另一方面通过本地生活服务、对社区的深度融入，精细化地落地平台的场景战略。

其次，正视银行的传统优势，回归"人"在数字化运营中的核心价值。对银行网点和 App 的平台一体化而言，运营是关键一环。当前各家银行对于运营十分重视，尤其是对于非金融场景运营十分重视，运营中台的建立，为银行提升运营能力奠定了基础。但就本质来看，当前各家银行强化运营的主线在于向互联网平台公司学习。在银行努力从"银行人想象的互联网"向"真正的互联网"转变的时候，往往忽略了自身在网点、人员上的传统优势。

事实上，当前网络直播的兴起，在某种程度上标志了互联网新的进化方向，那就是互联网和科技不应再是冷冰冰的单一效率的工具，而是要回归到"人"——服务围绕"人"，服务要用到"人"。必须在互联网平台运营基础上，探索数字化中"人"的价值。探索个人 IP、私域流量在平台运营中的潜在力量。在某种程度上，推动网点和 App 的一体化运营的意义，就在于在全面数字化时代，重拾并重塑银行的优势。

简言之，新时期银行平台的运营体系，一定是将互联网精神与人在运营中的价值充分融合的体系，是将银行网点和人员优势加以拟合的数字化运营体系。

最后,以科技赋能,强化数字化时代银行服务的深度和温度。如果说统一的平台体系以及平台化的商业模式只是一个表层框架,那么银行服务本身则是里子和精髓。正如前文我们所探讨的,银行的精细化经营仍然是银行业务发展的基础,它决定了银行服务的深度,而网点服务的有形化、具象化以及服务的温度,也是网点存在的根本原因。

不过,和过去不同,当前银行服务的深度和温度,必须置于数字化的框架内,并依托新时期银行科技理念的进化——与其强调互联网以及人工智能对人工的替代,还不如探讨如何借助科技让银行服务更有深度和人性的温度。其途径有二。

一是能力输出与效率集成对精细化经营的支持。以招商银行App 9.0版为例,它可以为客户经理提供理财方面的数据决策参考,也可以在理财师平台上协助理财师方便快捷地进行投资组合创设,一键生成交易订单。

二是业务模式创新对服务温度、服务理念的支持。正是有了远程音视频和远程审核技术的加持,线下银行服务不再受地理空间的限制,从而实现了有温度的银行服务与互联网的融合。另外,除了技术实现,技术也可以成为强化银行服务的工具。例如,招商银行为了对用户体验进行监测与管理,搭建了"风铃"系统,将行内20多个系统打通,从客户视角出发,集中3万余个埋点数据、1 200余项体验指标,形成了完善的"零售客户体验监测仪表盘"。

第四章
构建与企业级数字化运营相适应的组织体系

与数字化相脱离的组织体系

移动互联网以及各大互联网平台的发展,改变了用户的行为习惯。在这种情况下,银行需要重构自身与用户之间的联系。正如我们在前两章所述,银行通过将服务融入场景、建立与第三方平台合作关系、自建特色平台,以及推动线下线上渠道的平台化,来将自身融入经济社会的数字化大潮之中。这种努力同时面临组织领域的重重阻碍,这也是我国银行数字化尚不深入的重要原因。

从实践上看,当前中国银行业在竭尽全力学习具有数字原生特性的科技公司的策略和理念,追求从"银行人想象的互联网"向"真正的互联网"进发。在业界人士看来,互联网公司的体系包括两个组成部分:一是具有互联网思维的服务体系,二是敏捷组织。[1] 于是，银行也试图复制上述体系。但根植在不同组织体系的努力，却具有完全不同的效果。

与互联网公司一样，银行同样强调以客户为中心，但很多银行却难以打造全面、统一且细致的客户画像体系，难以建立行之有效的客户运营策略，其背后就是不同银行条线管理体制对客户运营与服务的分割。于是，银行长久以来孜孜以求的"以客户为中心"往往流于形式。

"极致客户体验"是互联网世界的信条。对互联网平台而言，需要从关注交易节点向打造全生命周期客户旅程服务体验转变。对银行而言，这需要通过端到端流程梳理，将多头分散的管理和操作进行数字化逻辑集中，将平台相关的前中后台、总分支行协作打造成一个一体化的数字化平台运营体系——从用户角度来看，这体现了银行服务的连贯性、一体性，是企业级的服务。不仅如此，服务体验和服务效率的提升，还有赖于银行整体的高效协同。这不仅要求银行互联网平台实现运营化，更需要银行整体实现企业级运营，即在数字化时代，银行需要从平台数字化运营走向企业整体的数字化运营。但在实际运行中，多数银行的职能部门往往以本部门的职能任务为中心，而不是以客户和市场为中心；银行的管理服务部门强于管理，弱于对业务的服务；有些银行的支持部门则干脆游离于银行的实际经营。在这种情况下，对

---

[1] 张子键. 银行数字化转型，组织管理创新很关键 [J]. 中国银行业，2022（6）.

银行而言，以客户和业务前端为中心的企业级运营，自然无从谈起。

要做好企业级运营，组织敏捷也是应有之义。事实上，近几年，一些银行已经将深化数字化的视角投向组织变革，而构建敏捷组织也几乎是所有银行在推进数字化过程中聚焦的重点问题。如果有学者将银行的敏捷组织概括为交付敏捷、业务敏捷、全组织敏捷三个层次的话，那么，目前相关银行还只是停留在交付敏捷这个层次上，即实现产品的快速交付、快速迭代。原因就在于银行要实现业务敏捷、全组织敏捷，将触及深层次的体制问题——科层体制、多层次的职能型金字塔组织体系。

此外，组织问题不仅涉及架构和宏观体制，更深入微观机制、基因和文化。在总体架构日趋僵化、大企业病日趋突出的背景下，一些银行试图通过强化组织协调以及构建柔性组织，来弥合银行组织体系与数字化的分歧。但这些举措，在部分提升银行组织运行效率的同时，也带来新的问题。最关键的是，这些举措并没有从根本上改变银行组织的价值导向。在全面数字化时代，以风险管控为特征的组织体系，如何与科技精神和创新创业精神相对接，才是银行面临的真正深层次的挑战。

以上是银行在向互联网平台公司学习过程中所面临的组织问题。但问题并非仅限于此，正如我们在前两章所述，在全面数字化时代，银行需要建立一个"人"与数字化相融合的业务模式和服务体系，相应地，银行也需要在组织变革中更好地解决"人"的问题。这一问题，不仅是如何引入和培育科技人才的问题，更是如何让银行既有员工体系有效融入数字化浪潮的问题，包括：普通员工如何支持银行的企业级服务和企业级运营；普通员工如何适应数字化的知识和技能要求；普通员工如何在数字化协作、分工极细的当下，避免产生"工具人"心态，持续保持积极进取的精神，等等。

总体来说，在数字化转型方面，全球银行业中还没有出现绝对领先者，没有可以直接移植的经验，大家都是并行者，都在探索中"摸着石头过河"。[①] 但也正是因为如此，将组织变革作为数字化转型的核心工作，以组织变革推动前端商业模式的创新发展，恰恰是当前中国银行业深化数字化转型的关键所在。

构建一个与企业级数字化运营相适应的组织体系，不只是简单学习互联网平台公司，而是需要银行业重点做好以下工作：一是避免数字化沦为科技部门以及部分前台部门的局部工作，让更多的中后台融入新时期的数字化，从而使银行从平台数字化运营向企业级数字化运营进化；二是以场景和平台为依据，以敏捷运营为主旨，推动组织架构调整；三是通过微观机制改革，重建组织基因和组织文化；四是消除银行员工的数字化障碍。

构建融入企业级运营的风控体系

作为经营风险的企业，风控数字化或者说数字化风控体系

[①] 张子键. 银行数字化转型，组织管理创新很关键[J]. 中国银行业，2022（6）.

建设不仅是银行数字化转型的重要组成部分，更是在当前的银行数字化中居于核心地位。数字化风控体系是以数据为基础，以风控模型为工具，以风险指标为决策依据，依托大数据、人工智能为代表的新技术应用的风控体系[1]，数字化和智能化是其主要特征。

当前，我国银行数字化风控发展进程还主要停留在部分产品和业务流程的数字化风控阶段，其核心思想是通过整合内外部数据，以数据分析代替传统的抵质押和担保手段。如在供应链融资中，通过物联网获取资产交易数据，通过 ERP 系统获取流动资产、固定资产等真实数据，通过区块链确保数据真实不可篡改，从而改变以往主要依赖借款人财务指标、抵质押品或核心企业信用担保的信贷产品风险管理的模式。[2]

传统的风控体系中定性风险管理占主体，以主观规则及客户评级为主，存在数据获取维度窄、定量分析能力偏弱、难以精确化用户特征等缺点，评价模型一般是基于客户历史行为、数据进行预测，无法前瞻性地预测未来风险情况的变化。数字化风控有效解决了以上行业痛点。[3] 对于提升风控效率、破解小微等长尾市场风控瓶颈具有重要意义。

但部分产品和业务的风控数字化，只是风控数字化的初步阶

---

[1] 刘刚. 大数据时代智能风控体系建设实践［J］. 中国金融电脑, 2018（8）.
[2] 谢晓雪. 数字化转型下的银行风险管理［J］. 中国金融, 2021（16）.
[3] 刘刚. 大数据时代智能风控体系建设实践［J］. 中国金融电脑, 2018（8）.

段，从根本上说，是将数字化风控与既有的风控体制体系初步结合的产物。当前，我国银行主要实行前台尽职调查、中台审查审批和后台贷后管理的分离和相互制衡的风控体系。该体系改变了以往贷款决策由一个部门或一个人独立承担的做法，从制度上减少了银行各个环节的道德风险，同时提升了各环节的专业性和作业效率。不过，这一以职能为中心的体系，也面临着经济社会数字化不断深化的挑战。

第一，银行获客活客的平台化和场景化，具有互联网特征的客户体验要求不断强化，但传统风控体系所具有的中后台的职能特征，使其难以融入平台和场景的运营中，前中后台"三道防线"激励不相容也容易产生客户体验不佳的问题。

第二，数字经济加速全球化、信息化的进程，资源流动受时间和空间的限制被逐渐打破，经济主体的关联更加错综复杂，风险快速传染并且瞬息万变。快速变化的风险形态对于银行风险管理的敏捷度和协同性提出了更高的要求。[①] 但目前银行普遍推行专业化风险管理部门和审贷分离体制，其更强调各相关机构各司其职、相互制衡，同时不同管理诉求的数据、系统也呈现分割的状态。在这种情况下，银行风险管理协同性不足的问题较为普遍，难以适应风控敏捷、联动的要求。

第三，经济社会的数字化，在改变银行业务模式的同时，也重新定义了数字化时代银行的运行与竞争。在某种程度上，企业

---

① 李志刚. 新阶段银行数字化风控体系建设［J］. 中国金融，2022（12）.

级的服务以及企业级的敏捷的运营能力,是银行数字化竞争的关键所在。因此,银行运营需要从网点运营、场景平台运营向银行整体的企业级运营拓展。但在传统的风控体系下,风控与决策管理之间的连接还比较原始,如何通过数字化将风控融入银行整体的运行中,推动银行整体运行运营化、自动化、智能化,是新时期数字化风控体系建设的重要内容。

因此,推动风控数字化,不仅要强化技术应用、推动风控模式创新,更要推动风控体制、机制以及风控组织角色与功能的深度变革。商业银行要顺应经济社会数字化不断深化的需要,将业务和产品层面的智能风控,向综合化、一体化的全体系的智能风控以及企业级运营中的智能风控拓展(见图4-1)。具体包括以下四个方面。

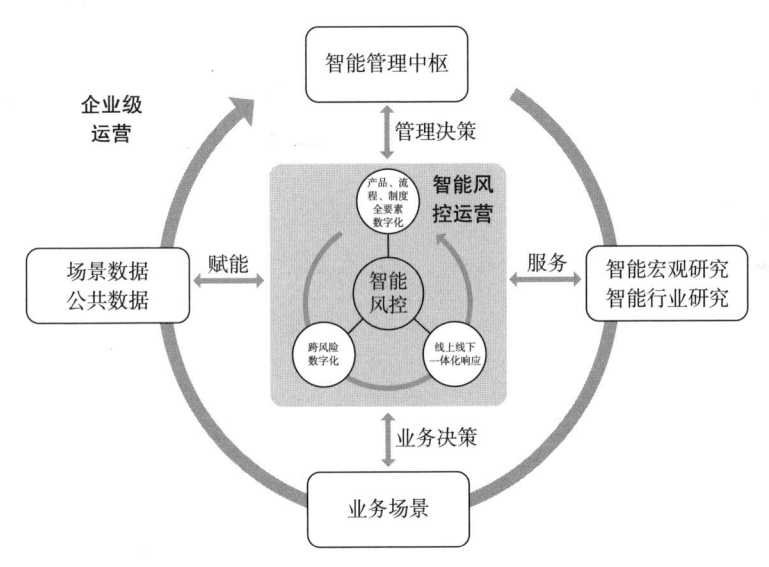

图4-1 融入企业级数字化运营的智能风控体系

第四章 构建与企业级数字化运营相适应的组织体系

第一，风控平台化和场景化。一是依托场景和平台，综合场景数据、银行内部数据以及外部公共数据，提升大数据风控能力，推动风控机构大类场景、平台的专业化和专职化发展；二是将风控作为平台运营的重要内容和内设职能，以客户服务为中心，平衡客户体验与风控的关系；三是提取不同场景风控的共性规律及其相应工作，构建统一的风控中台，提高对不同场景的响应速度。

第二，风控综合化和响应一体化。针对数字化背景下风险的新形态以及相互转化、快速传播的特点，推动风控内涵的扩展以及流程衔接的数字化和一体化。一是建立综合化、一体化的风控体系，将不同信用风险、流动性风险、操作风险以及反欺诈风险、合规风险、消费者保护纳入统一的风险管理框架，建立反欺诈、准入、风险定价、贷后预警、清收一体化的数字化运营体系。二是打破传统条线的分割和协同障碍，通过建立跨部门和跨条线的统一风险管控平台、优化考核评价和分润机制、完善责任落实的方式，来加强总分行、前中后台、子机构之间风险联防联控，以适应风险快速变化和技术快速迭代的外部形势，确保实现"一点出险，集团联动"。[①] 三是智能风控体系并不能完全排除人的介入，其本质上是数字化与人的有机融合，银行需在业务制度及业务流程中明确智能风控体系嵌入环节、效力范围及响应机制，使得风险信号产生后可以快速响应，并根据不同级别的风险

---

① 谢晓雪. 数字化转型下的银行风险管理［J］. 中国金融，2021（16）.

事件及时采取相应的处置措施[1]，从而实现智能风控的线上线下一体化运行。

第三，推动风控全要素数字化。将风控数字化从部分产品和流程的数字化向全体系数字化拓展。将政策制度的关键管理要素进行数字化和标签化解构，如授权金额、准入标准、参数阈值、风险限额、贷款等价等，强化对关键管理要素的精准调节，实现政策制度的系统刚控和精细化管理。[2]

第四，将数字化风控纳入企业整体的数字化运营中。大数据和人工智能技术凭借强大的计算能力和先进的模型算法，对海量数据和信息进行整合、分析，改变事后分析和预测判断的方式，建立主动、实时响应机制和模型。风控的数字化和智能化发展，为银行整体的数字化、智能化运营奠定了基础。银行要以智能风控为中心，将主动、实时的风控管理与资产负债管理、计划财务管理、公共关系管理等银行经营决策与日常管理相连接，从而建立实时、智能的分析决策以及管理体系。

消除组织内部的数字鸿沟

当前，数字鸿沟问题日益为银行业所关注，不过，这里的数字鸿沟主要指银行数字化服务对特殊人群的适应性问题，比如老

---

[1] 刘刚. 大数据时代智能风控体系建设实践［J］. 中国金融电脑，2018（8）.
[2] 李志刚. 新阶段银行数字化风控体系建设［J］. 中国金融，2022（12）.

年人、少数民族群众、残障人士等；或者指部分中小银行在数字化上的技术弱势。但相对于这些因素，银行内部组织体系中的数字鸿沟问题往往被忽略。事实上，随着银行数字化的不断发展，银行内部的员工以及中后台的数字化差异问题，成为阻碍银行整体数字化的重要因素。当然，这不仅是指相关机构数字化水平不够，更为重要的是，作为职能部门或支持型后台，其相关机构的职能与银行整体的数字化运营相脱离，不能适应数字化的要求。相对于技能性鸿沟，体制性、职能性鸿沟更容易被忽视。因此，银行要以相关机构数字化为契机，推动相关机构职能和角色的转变和进化。

以数字化为契机，强化职能管理体系的内部服务职能

在银行职能管理中，比如人力资源和计财，既有管理职能，又有服务职能。不过，当管理职能与服务职能同时赋予一个主体时，相关主体的组织的职能运行会自然地强化管理职能而弱化服务职能。这种现象与个别银行的大企业病相结合，不断将银行的组织运行推向僵化。在这种情况下，银行的职能管理要以数字化为契机，通过强化内部用户和内部公共服务，建立"前端服务客户、中后台服务前台、总行服务分支机构"的多层级的用户体系和服务体系，从而重建银行在数字化时代的组织运行效率。

第一，建立职能管理系统的内部客户导向。职能管理的数字化、软件化，是银行数字化的应有之义。但软件即思想——职能管理的数字化，并非单纯的系统建设，而是理念和流程的重建。

要避免一些职能部门通过数字化来强化既有的体系，让各类系统建设成为其抓取权力、固化权力的抓手。职能管理部门的数字化系统建设必须基于内部用户理念，摒弃部门本位思想，简化流程，从而改善系统使用者的体验，提高组织运行效率。要从银行企业级需求角度开发、运行、优化职能管理系统。要在开发主体、研发机制等环节避免相关系统开发沦为具体职能部门内部的研发工作。

第二，推动数字化的共享公共服务体系建设。将人力资源、计财、后勤等职能管理部门的管理职能和服务职能相剥离，并依托数字化，将员工差旅报销、人事管理、后勤保障、人力资源培训等相关服务，整合为一站式、综合性、智能化、共享性、线下线上相结合的公共服务体系，提高内部服务效率和内部服务体验，提高员工的主体性和主动性，提高员工共享资源的丰富性，建立"即需即取"的员工资源保障机制。

第三，营造与数字化相适应的工作环境和政策氛围。银行数字化的不断深化，将越来越多员工卷入高速运作的数字化的流程中。但是，数字化又需要创新和创造力来强化银行市场与技术竞争的能力。在此情况下，如何让银行员工在高速运转的体系中保持创造力，就成为银行需要解决的关键问题。无疑，营造一种宽松、包容、人性化的组织氛围和工作环境，是解决这个问题的重要一环。数字化时代的职能管理，要在组织良性运转的基础上，实现权力运行的最小化，员工时间和发展空间的最大化；要将权力部门转变为资源建设者，淡化功能组织的权威；要提高职能管理部门工作人员的数字化素养，提高职能管理政策与数字化发展规律的契合度，为数字化发展提供友好的政策环境。

依托科技赋能，推动支持型后台前台化

长期以来，银行的后台支持部门远离市场和一线，导致市场和客户意识淡薄，专业能力逐步萎缩，一些机构逐步边缘化，个别机构甚至变得可有可无。而数字化的发展，尤其是金融科技的进步，为这些机构专业能力的提升，以及通过技术手段实现与前台以及银行整体运营的连接，创造了条件。

银行的内部研究机构众多，比如战略规划部、研究部、研究所、研究院，这一现象最为突出。客观地说，很多银行都非常重视研究工作，尤其是在数字化挑战不断发展的今天，但是目前，大多数银行研究机构面临银行研究和银行经营脱节并日趋边缘化的困境，这已是不争的事实。银行研究机构鲜有成功案例，银行研究难以步入良性发展轨道，其背后原因是多方面的。然而，如何处理好银行业务发展与研究工作之间的关系，无疑是研究机构绕不开的核心问题。对大多数银行而言，服务于本行发展、本行业务发展，是银行研究定位的基本取向。但在银行条线分割的机制下，银行研究难以深入业务前沿和经营实际，从而无法对相关工作进行准确量化和评价，也造成激励的不相容。因此，银行研究注定难以有效承载为业务发展和银行经营提供支持的后台职能。在这种情况下，各家银行研究机构的功能定位开始分化。比如，有些银行研究机构主要负责领导者思想阐释和对外宣传工作，这些文字工作在赋予这些机构价值的同时，其实也是在进一步将相关机构拖离业务前沿，破坏了银行研究的专业属性。而离开了专业性，时效性自然也无从谈起。简言之，银行研究面临的困境，从根本上讲，既有银行体制、机制性的因素，也有银行研究实践导向的困境。当然，这些深层次原因往往被淹没在银行研究定位模糊、职能取向飘忽不定的表象中。

事实上，体制性的困境、能力约束，也是大多数后台支持型部门或机构无法高效融入银行经营体系的主要原因。不过，数字化的深化、金融科技的发展，也为破解上述难题提供了契机。还以银行研究为例，依托科技的赋能，银行可以推动支持型后台的前台化，发挥其在银行整体运营中应有的职能，基本思路是通过技术赋能以及体制机制变革，打破银行研究的孤岛现状，提高银行研究的数据获取能力和技术性分析能力，提高银行研究的时效性，推动银行研究融入银行的整体运营，从而摆脱银行研究的边缘化发展趋势。

第一，科技赋能，推动研究工作的智能化、专业化发展。银行研究工作依赖于数据信息的获取、数据的处理分析能力以及专家的专业素质。推动爬虫等技术应用以及数据源渠道的建立，强化银行研究数据获取的能力和时效；推动知识图谱以及机器学习等技术的应用，提高银行研究的分析能力；推动人工智能技术应用与专家经验有机融合，促进银行研究智能化、专业化发展。

第二，构建研发协作的机制和平台，建立研发生态。建立银行研究机构与业务机构的协同研究机制，以及银行研究机构与外部智库、技术机构的协同交流机制。构建银行研究机构研究员、业务机构、第三方外部机构研究协作的云平台。提供研究所需要的技术工具、数据资料以及协同所需要的交流工具。

第三，以系统连接和数字化流程，将研究成果纳入风控体系和银行整体决策系统。银行研究可以分为专题研究和追踪性研究，追踪性研究又可以分为宏观经济研究、行业分析、金融市场研究等内容。要通过建模，将日常追踪研究的相关研究成果指标化、数据化，进而通过系统连接，将相关研究成果、预测分析与风控策略制定以及银行整体决策体系进行实时连接，实现银行研究的数字化和运营化。

第四，建立银行研究与前台、银行整体运营的利益连接。通过技术分析、结果比对，推动银行研究的量化考核，建立以量化为主的评价机制；参考外部采购价格，建立银行研究的内部计价机制和分配机制。如此一来，通过加强银行研究与银行整体运营在利益上的连接，建立银行研究发展的内生激励机制。

推动以服务为导向的组织架构转型

中后台部门及其职能融入数字化，是组织融入数字化的重要内容，但要实现组织的整体功能，还需要架构上的调整。当然，架构只是组织构建的基础，具体的功能实现，还需要与相应的体制机制相结合。近几年，为应对数字化进程，我国银行在组织架构及其体制机制的调整和改革上也进行了诸多探索，主要表现为以下三个方面。

第一，成立领导协调机构，增设数字化专门部门。[①] 一些银行在董事会或高级管理层设立数字化转型委员会、金融科技委员会等顶层设计机构，负责牵头制定全行数字化转型战略，提高统筹规划和一体化管理水平，推动数字化转型规划实施落地。同时，一些银行在信息科技部、研发中心、数据中心等传统科技部门的基础上，增设企业级架构建设办公室、数据管理部、风险计量中心、金融科技研究院等新型科技部门，加强数字化的基础能力建设。

第二，建立平台专属运营机构，并推动相应组织职能和架构的顺时调整。[②] 招商银行根据其App战略定位的演进，不断调整和整合相关组织的架构和职能。2015年，招商银行明确"移动优先"战略，全面转向"App时代"，融合业务与IT部门，成立了手机银行项目组。2018年，随着市场竞争的加剧，招商银行不再将其App看作单一的产品部门。在这种情况下，招商银行对其App的组织架构进行了第二次重组，以原零售网络银行部为主轴，整合原零售金融总部、原零售基础客户部，形成了新零售金融总部。2021年，招商银行App再次聚焦大财富管理。与之相适应，招商银行将原一级部门零售金融总部的大部分团队与财富管

---

① 汪伟，郑颖，阮超. 组织变革视角下的商业银行数字化转型研究［J］. 清华金融评论，2022（4）.
② 李惠琳，谭璐. 招商银行App进化史［J］. 21世纪商业评论，2021（12）.

理部合并，组建财富平台部，App 团队与客群部门合一。

第三，推动科技体制的体外改革。囿于体制内改革的多方阻滞，一些银行试图通过单独设立金融科技子公司来推动银行科技体制的进一步市场化。截至 2021 年 6 月，全国 5 家大型商业银行、6 家股份制商业银行、2 家城市商业银行及 1 家农村信用社，已设立 14 家金融科技子公司。[①] 目前，多数银行金融科技子公司被定位为主要服务于母行。

不难看出，当前我国大多数银行的组织架构及其体制机制改革还停留在机制建设以及局部功能实现的层面，尚未触及银行内部体制和整体架构功能。也正是因为如此，一些银行所谓的敏捷组织建设，目前只停留在产品敏捷的层次上。

总体而言，我国银行秉持的是以总分行制为核心的架构及其体制机制。我国的总分行制，本质上是"多层职能制的嵌套＋以区域划分的事业部制"，是一个"多级管理，一级经营"的体系，总行、分行、支行通过授权与转授权来实现经营。在总分行的制度框架下，银行通过条线管理和前中后台协同，实现组织的整体运作。作为服务于银行业务模式和商业模式的架构体系，总分行制对应的是银行渠道经营模式。不过，随着银行经营的场景化和平台化，以渠道为基础的总分行制的弊端开始凸显。

第一，信息传递链路以及决策链条过于冗长。以 App 功能优

[①] 汪伟，郑颖，阮超. 组织变革视角下的商业银行数字化转型研究［J］. 清华金融评论，2022（4）.

化为例，银行发现 App 的功能优化点，通常会经历"客户投诉→客服团队→体验团队→运营团队→产品团队"这一漫长路径，而部分投诉信息可能还要经历"网点→支行→分行→总行"的传递链路。与之相对照，互联网公司往往只经历"体验团队日常走查→运营团队→产品团队"或"运营团队数据分析→产品团队"路径。而在决策上，首先发现优化点的多是负责客户管理或业务经营的部门（如个人金融部），而 App 的主管部门可能是网络金融部，所以信息的传递过程中要经历多个部门的多个层级。

第二，服务的分割性与服务供给的不足。随着银行经营的场景化和平台化，银行服务的对象从客户拓展到用户，关注的焦点也从交易节点拓展到围绕场景用户全生命周期、全旅程的体验管理。但长久以来的银行体制弊端，如部门墙，通过条线和前中后台体系，破坏了银行用户场景服务的综合性、连续性以及一体性，破坏了用户体验的一致性。

从根本上说，银行当前的体制，其核心价值导向并不是服务，而是统一法人框架下的管理和控制。这有利于银行的规范管理以及强化风险控制，秉持的也是以银行为中心或者以管控为中心的理念。但在数字化时代，随着银行经营的场景化和平台化，客户拓展为用户，金融服务拓展为金融与非金融服务融合，这提升了服务及其体验的价值，而银行重管理、轻服务的体制导向却与这一趋势的要求相背离。

第三，日益臃肿的体系。随着银行规模的不断扩大、条线专业化不断走向极致化，一些银行的组织体系已经臃肿不堪。低效的组织体系导致人员的高劳动强度与人浮于事并存。这种状况已经到了必须调整和变革的关键时刻，而数字化的快速发展，无疑强化了这一事态的紧迫性。

由此可见，从银行体制和整体架构功能角度看，推动中国银行业从管控型体系向服务型体系转变，实现组织架构体系的场景化、敏捷化以及轻型化，是进一步深化中国银行业组织架构改革的基本方向，主要思路有三点。

第一，以场景和平台为依据，重构条线、前中后台体系。过于细分化、多维度的传统条线管理体系，将破坏平台生态之间以及场景之间的内在联系。因此，在全面数字化时代，银行要在整体性、综合性、联动性的基础上，以各级生态和场景为依据，而不是以客户、渠道、业务、产品、职能为依据，重构经营管理体系；改变当前网络金融部等渠道部门构建和管理平台、业务条线提供产品，政府、企业和个人客户之间相割裂的经营状态。与之相适应，全面数字化时代的银行，要改变传统银行前、中、后台职能界限明确、运行相对疏离的状态，推动前、中、后台的一体化运营。

当然，鉴于银行数字化进程还没有完全代替传统的渠道业务模式，场景化和平台化组织模式的发展也是一个渐进的过程，其可以采取两种形式，来实现与当前组织模式的兼容：一是在现有组织体系外，根据新建场景平台建立相应的独立的开发运营一体化组织体系；二是在现有条线管理体系内，作为内部设立的组织体系而存在，如一些银行在普惠金融事业部内设立小微融资 App

完整的组织运营体系。

第二，推行与平台直营相适应的大总行战略，构建多层次的服务体系，重塑总分支行关系。银行的数字化不是单纯的科技公司化或平台化，而是将银行服务对驻地生态的根植性、服务的温度与互联网服务模式相结合。在这一原则下，要推动银行的架构体系从管控型转向服务型，具体做法包括：一是推动与平台直营相适应的大总行战略，通过加强大数据风控、IT开发和运维、客户服务中心的集中化运营，强化总行的平台搭建和运营职能；二是强化"总行—分行—支行"自上而下的内部服务功能，推进"总行—分行—支行"从管控关系向服务关系转型；三是构建企业级、定位清晰、分工明确、运行高效的"总行—分行—支行"一体化的用户服务体系。

第三，在渐进式改革中推进分类扁平化和轻型化改革。一是平台直营弱化了对前台体系的要求，在此情况下，要根据不同地区经济社会的发展情况，差异化地推动前台扁平化发展，适度提高业务前台的经营层级。二是通过"大中台"和"大后台"战略，推动中后台层级的扁平化和轻型化。[①]"大中台"包含业务中台和数据中台，"大后台"承担运维、开发、培训等各项支持保障功能。要通过"大中台"和"大后台"战略，推动中后台职能适度集成和扁平化，减少管理层级，增加中后台横向的管理宽度，实现中后台的瘦身和轻型化。三是强化技术和平台在管理上

---

① 张子键. 银行数字化转型，组织管理创新很关键[J]. 中国银行业，2022（6）.

的应用，优化、精简管理流程，提升管理效率，扩大管理幅度，强化数据应用，提高机控和智能化管理水平，精简管控团队规模。

需要说明的是，在某种程度上，银行因应数字化所做的架构改革，并不存在渐进与激进之争。在特定时点上，渐进式改革是必要的，但在历史的关键节点上，激进则更有价值。原因就在于架构改革是一个动态发展的过程，其需要与技术进步及其深度、商业模式变革等外部冲击相适应，同时也和银行的战略需求息息相关。

以完善新型组织建设为突破口，推动银行组织向生态型组织转型

架构改革有利于缓解传统银行体制在数字化背景下所出现的不适应，但并不能解决全部问题。与此同时，作为银行组织体系的基础，总分行体系也仍然有其存在的意义。在这种情况下，在总分行框架下，构建新型组织就成为缓解数字化背景下总分行体系不足的重要选择。与日益僵化的科层化、职能型银行组织相比，数字化背景下的银行组织具有鲜明的"活性"和弹性，其主要属性有以下四个。

一是开放融合。在数字化的业务和商业模式下，银行通过场景联通、平台共建、数据贯通以及资源共享，构建起"银行—外部机构"以及银行内部各部门的生态合作体系。它突破了银行或

部门的资源限制，进一步提升了银行的服务能力。在这样的价值共创体系下，银行组织体系要支持银行与外部机构之间以及银行内部机构之间高效的交互与合作关系，从而实现对资源的高效聚合与共享。

二是创新创业。数字化是不同于以往的经营体系，它具有不同的业务模式、商业模式以及市场思维，创新是数字化的天然属性。但数字化时代的创新，往往需要与创业机制相联系，因为后者赋予了前者内驱力。对银行而言，构建创业型组织，恰恰是打破银行以稳健为导向的组织文化，赋予银行发展以内驱力的关键所在。

三是自适应与自进化。当前，银行经营面临的不确定性显著增加。这不仅来自国际、国内经济社会形势，也来自数字化竞争本身。在数字化时代，银行外部生态影响力的扩展，银行技术、产品创新的加速，场景平台竞争的加剧，进一步强化了银行竞争和发展的不确定性。银行既有的组织体系难以适应内外部环境的变化，在这种情况下，通过组建新型组织来推动组织的自适应和自进化，就成为必然选择。

四是敏捷高效。按照层次划分，我们可以将银行敏捷分为交付敏捷、业务敏捷、全组织敏捷；按照性质划分，我们可以将银行敏捷理解为体系性敏捷和任务性敏捷。架构敏捷带来的是体系性敏捷，但银行敏捷高效也离不开任务性敏捷，而这种敏捷性恰恰来自特定的任务型组织的构建。同时，任务型组织的构建也是交付敏捷和业务敏捷实现的重要手段。

不难看出，数字化时代的组织活力和弹性，主要来自新型组织对传统组织的封闭性、稳定性、僵化性以及重型化等特征的对冲。其基本思路是在推进数字化项目或数字化经营中，打破银行既有的条线、部门分割的状态，基于某项特定目标构建具有内驱力的弹性组织，推进组织的颗粒化、轻型化，在完善自身功能的条件下，使其成为银行组织的构成细胞。在某种程度上，上述新型组织正是财经作家吴晓波在《水大鱼大与企投家时代的到来》主题演讲中提到的企业组织的现实版，或者说是银行组织的改良折中版：未来所有的企业都会形成蜂窝式组织，任何一个小蜂窝的死亡都不意味着死亡，但同时整个组织又在不断地裂变；而在蜂窝的下面会有一个底板，这是公司的价值观、资本和人才，在底板之上，各自为战，失控成长。

具体而言，当前银行新型组织的形式包括：一是临时性项目组织，根据某项任务，组建临时性跨部门人员组成的项目组织；二是综合化组织，打破条线部门专业分割状态，组建固定的具有多种专业职能的综合化组织；三是一体化组织，从流程看，将多种流程关键的人员组成统一的组织，如开发运营一体化组织。

上述组织形式，往往被概括在柔性组织体系下，但从银行的现状来看，其柔性组织建设，在打破部门墙的同时，也产生了新的问题。这些问题归结起来，就是如何处理个人与组织、组织与组织、组织与环境的三维关系。

第一，如何处理临时性柔性组织的个人利益和激励问题。为了完成某项工作，银行多采取临时性项目组的形式，抽调相关部门以及总分行的相关人员，组成临时性组织。这一柔性组织形式可以快速适应项目开发的需要，但是，其在强调组织目标的同时，往往忽视了被抽调人员的合理的个体利益。被抽调人员原组织更愿意晋升留守人员，因为在这些组织看来，留守工作和本部门显性绩效的相关性更强，晋升留守人员有利于激励相关人员以本部门工作为先。造成这种现象的原因就在于临时性组织是一个单纯的工作性组织，其不具备人事等激励权力。被抽调人员的评价和晋升，本质还留在原有的组织内部。相关人员工作和评价权力的分离、临时性组织事权和激励权力的不统一，短期内侵害了被抽调者的权益，长期则抑制了参与者的积极性和投入程度，从而侵蚀了临时性项目组这一组织形式的有效性。

第二，如何实现专业性和综合性的统一。传统银行的条线管理体制是以强调专业性为导向的体系，但在数字化背景下，部门之间的协同变得更加重要，这与专业分割的银行管理体系相冲突。在这种情况下，一些银行为了降低部门间协同成本，依据某项业务功能，将各部门的相关专业人士归拢成一个综合化组织。这种组织形式通过实现不同细分功能人员的内化，有效解决了部门间的协同困境。但是其也产生了新的问题，即来到新组织的专业人士，由于脱离了以专业集聚的组织，其专业发展失去了进一步提升所需要的生态和环境的支持。如何实现专业性与综合性所带来的效率的统一，是银行构建数字化组织面临的重要课题。

第三，如何推动开创性组织向创新创业型组织转型。在银行业务场景化和平台化的过程中，项目开发成为重要的工作方式。

在这种情况下，如何让一个常态化的持续性的项目开发工作保持持续的创新性，是相关组织和激励措施实施的重要挑战。当前，为了提高项目开发与运营的衔接水平，各家银行推行开发运营一体化机制。在这种机制下，如何让一项长期的工作转变成参与人员的一项事业，建立项目发展的内驱力，同样是项目成功的关键所在。

第四，如何为新型组织运行提供良好外部环境。当前，各种新型组织正成为推动银行数字化转型的重要组织形式，柔性组织理念也在银行业广受关注，但相关组织的构建和运行，更多地依赖相关部门的协调以及职能部门的一事一议。在很大程度上，当前银行的柔性组织建设还停留在有柔性但无组织的阶段。如何为这些组织的创设提供必要的体制机制保障，为相关组织的运行提供必要的生态环境，是相关组织职能实现的关键。

综上，当前中国银行业亟待完善新型组织的创设和运行的体制机制以及环境建设。重点围绕三类新型组织——临时性项目组织、内部创业型组织、逻辑合作组织，弱化银行的科层属性，提高组织的活性和弹性，建立组织的内驱力，增强组织对创新的支持，强化组织对数字化变革的适应性。可以采取以下几种具体措施。

一是完善临时性项目组织的考核激励体系。全部或部分赋予临时性项目组织以人事权力；保障临时性项目组织人员的合理利益诉求；给予临时性项目组织以资源倾斜；按照项目的价值以及临时组织内岗位的特点，建立科学的临时性项目组织内部个人评价机制；统筹项目组织与人员原组织的考核与晋升工作，实现个人与组织的激励相容，建立临时性项目组织常态化发展机制。

二是统筹建立逻辑合作型团队与综合化实体团队。效率和专业都是银行发展所必需的，要平衡两者的关系，就需要通过精细化的管理。在新型团队中，当专业性更重要的时候，就不适合建立实体性的综合化团队，不适合将相关专业人士与其原有的专业属性比较强的部门相脱离。在这种情况下，可以考虑建立逻辑合作型组织。这种组织不打破原有的组织格局，而是在专业部门内部建立对应的合作团队，通过逻辑以及科技系统和平台，实现新型组织工作的集中和高效。比如，在风险条线，建立服务于特定场景的专属人员和团队。当然，组织的良好运行，同样需要建立风险与特定场景部门的双边评价以及激励机制。

三是建立创新创业组织。建立个人发展主要靠场景和平台生态的成长机制，而非受限于科层体系的论资排辈；建立创新创业组织的裂变机制，让在创新创业中表现优秀的员工，获得在更高层级、拥有更大权限创新创业的机会；构建多层次的内部虚拟投融资市场，并配置一定的资源，把一定比例的创新创业工作留给市场化的内部自发性组织，鼓励跨部门人员的市场化组合；建立数据、技术、专家公共资源池，强化内部创新创业工作的资源共享和创业辅导；常态化开展创新创业大赛，建立项目孵化机制和辅导机制。

四是构建内外一体化的人力资源市场。当前，银行数字化人力资源管理侧重于通过应届生招聘来提升数字化人才比例，以及通过加强对普通员工的数字化培训来提高普通员工的数字化技能和数字化素养。但新型组织的构建着力于打破银行僵化的组织体系，因此，其必须从人力资源角度，打破银行内外部的藩篱，实现银行内部人员在一定程度上的可流动性。当然，组织的稳定性和人员的流动性需要平衡，为此，银行需要就构建内部人力资源市场建立一整套制度体系。

第五章
构建以应用驱动的大数据运营体系

超越数据治理

　　银行业务模式、商业模式的创新,以及组织、机制的变革,是其数字化转型的重要内容。但就本质而言,上述银行体系的变革,依托的是数据在银行业务发展与运营管理中的角色进化及其价值实现。传统上,银行的数据工作主要集中于"数据治理",但就"数据治理"工作本身的逻辑体系及历史条件而言,其所定义的数据角色及体现的价值已经不能满足当前银行的数字化需求。

　　"数据治理"的概念最早可以追溯到 2004 年,由休·沃森(Hugh Watson)首先提出。他研究了数据仓库治理在企业管理中的实践,由此拉开了数据治理研究与实践的帷幕。[1]

---

[1] Watson H, Fulle C, Ariyachandra T. Data warehouse governance: best practices at Blue Cross and Blue Shield of North Carolina[J]. Decision support systems, 2004, 38(3): 435–450.

2009年，国际数据管理组织协会（Data Management Association，简写为DAMA）发布《数据管理知识体系指南》，界定了包括数据控制、数据安全管理、数据质量管理等9项内容的数据管理框架，奠定了数据治理实践的理论基础。2018年10月1日出台的《数据管理能力成熟度评估模型》（Data Capability Maturity Model，简写为DCMM），则是我国在数据管理领域首个正式发布的国家标准。

作为具有巨量数据的特殊机构，银行的数据治理也经历了近20年的历程。近年来，数据治理在银行业中的地位呈现不断提升的态势。尤其是自2016年以来，随着大数据理念及技术的发展，以数据治理为核心的数据工作，其基础意义开始被我国银行业所认可。各个银行纷纷加大投入、付出精力，去夯实数据基础、完善数据治理。

不仅如此，监管的要求与引导进一步强化了上述进程。如银保监会要求各行报送监管标准化数据（EAST）；2018年，银保监会发布《银行业金融机构数据治理指引》，标志着数据治理在我国银行金融机构中全面实践时代的到来。自2020年以来，随着中国银行业数字化转型步伐的加速，数据治理的战略意义进一步凸显。在此情况下，2021年9月银保监会发布《商业银行监管评级办法》，又将数据治理纳入评级要素；2022年1月，银保监会印发《关于银行业保险业数字化转型的指导意见》，提出"健全数据治理体系，增强数据管理能力"的相关指导意见。

不过，从行业现实来看，一些中小银行的数据治理还处在初步阶段；一些领先银行虽然在数据应用方面取得了一定的成果，但是原有运动式动员、项目式推进的数据治理工作的边际效用却已大幅下降；不少银行的很多数据应用工作仍然停留在传统的数据分析挖掘工作上，对结构化数据过度依赖，前沿的人工智能应用整体偏少。

数据部门、技术部门与业务部门之间的部门墙依然存在，数据部门常常有有力使不出的无奈之感。业务部门抱怨数据缺失、数据质量问题，并将主要责任和治理工作推给数据部门和技术部门。[1] 数据管理部门或科技部门在数据治理工作中仿佛唱着独角戏。数据治理属于"冰山下"的工程，涉及范围广，见效速度慢，而长效机制和内生动力的缺乏，让数据治理绩效增长陷入停顿。

与此同时，数据技术平台的搭建如火如荼，但数据应用尚不深入。作为巨量数据的拥有者和使用者，很多银行的数据工作仍然是一个封闭的体系，而在后台思维驱使下的银行内设数据机构，更是将工作重心放在管理上，侧重于考虑数据安全、商业机密等因素，而非数据经营。

总而言之，以数据治理为核心内容、以治理为主要特征的银行数据工作，已经难以适应我国银行业快速发展的数字化需要。现在是时候对数据工作进行再思考与再反思了。要完成这一工作，我们首先需要深入理解当前银行数据治理的逻辑与条件，而

---

[1] 王燕. 大数据时代银行数据治理的几点认识［J］. 金融电子化，2018（3）.

历史分析是打开这扇门的钥匙。

总体而言，我国银行以数据治理为核心的数据工作主要经历了以下几个阶段。

数据管控阶段：监管以及管理用数与数据应用能力框架探索阶段（约2003—2010年）。这一阶段本质上是关于数据的管理与控制阶段，其主要目标是服务于监管用数以及银行内部管理用数，相关工作的范畴停留在特定部门的工作职能上。相关工作有两个推动要素。一是数据仓库的建立。比如，2003年建设银行成立了信息中心（数据管理部的前身），提出了数据管控概念，制定了一些数据的标准，开始规划和建设其数据仓库，并于2005年上线数据仓库。从2005年起，光大银行就开始了企业级基础数据平台（即企业数据仓库）的建设，并整合了核心系统、对公信贷系统、个贷系统、网银系统、国际结算系统等41个源业务系统数据。[1] 二是相关银行开始探索数据在应对监管以及管理领域的应用，并建立数据应用的能力框架。比如，伴随数据仓库和数据应用的建设，光大银行制定了数据标准的5年规划并展开实施，并于2009年基于客户数据标准开始推进全行对私统一客户管理系统（ECIF）的建设，于2010年基于新风险协议的相关风险数据标准，推进风险加权资产（RWA）数据集市建设。建设银行与美国银行开展战略合作，研究数据能力框架，并参考美国银

---

[1] 杨兵兵. 商业银行数据治理与应用——以光大银行为例 [J]. 银行家，2012（1）.

行、IBM 以及 DAMA 的相关理论框架，探索自身的数据能力框架。[1]

数据治理阶段：企业级数据管理与应用体系构建阶段（约 2011—2015 年）。相对于数据管理，数据治理超越了部门职能范畴，从企业级视角，通过战略规划、权责配置以及技术性体系建设，实现企业级的数据管理与应用。其中，数据标准和数据质量工作是上述体系的基础和核心。2011 年，光大银行启动了数据治理体系的建设，依据数据治理的成熟方法论（DAMA、DGI[2]、IBM 数据治理方法论），结合企业业务发展战略，制定数据战略，构建银行数据治理体系，建立数据治理组织和机制，厘清数据应用架构规划，启动数据治理任务，并根据实施路线图，有序推进治理落地。[3] 建设银行则借助核心系统建设，通过企业级的逻辑数据模型，对其所有数据的规范和标准进行统一的定义，从而建立起企业级的数据规范，并在此基础上建立和完善了包括数据管理与数据应用的数据治理体系。

大数据治理阶段：全面实施数据治理阶段（约 2016—2020 年）。随着以大数据、人工智能、云计算为代表的信息技术的迅猛发展，银行的数据治理也进入大数据治理阶段。大数据治理阶段，是我国银行业开始全面实施数据治理的历史阶段。大数据治

---

[1] 尚波. 中国建设银行的数据能力建设. 2018 数据资产管理大会，2018-12-13.

[2] 数据治理研究所（Data Governance Institute，简写为 DGI）。

[3] 李瑶，柯丹. 构建大数据能力核心引擎，主动拥抱金融科技创新——中国光大银行大数据治理体系规划与实施 [J]. 中国金融电脑，2017（5）.

理体系在框架上虽然可以借鉴成熟的数据治理与管理理论,但在目标以及方法、技术上,与传统数据治理有显著不同。[①] 大数据理念与技术的产生和发展,使银行的数据工作视野得以拓宽,不再局限于银行自身。不仅如此,在传统数据应用中,主要运用商业智能(Business Intelligence,简写为 BI)技术,而在大数据环境中,大数据技术种类更多、更加细化,从数据采集、数据存储、数据处理,到数据挖掘、数据可视化,均有大量技术与产品,并基本形成了大数据技术生态。银行的大数据技术的部署与实施能力,是构建大数据应用的基础。与此同时,数据资产管理这一理念被提升到前所未有的高度,数据模型与架构、元数据等领域需要支持数据资产全生命周期各类管理要求。

总体而言,我国银行数据工作的不同阶段,具有不同的工作逻辑。在数据管控阶段,银行对数据工作从不重视转变为重视,通过数据仓库建设实现对数据的管理。然而,相关工作也只是停留在部门层级,其应用价值更多地体现在数据统计对银行合规和管理决策的需要,在某种程度上,数据扮演着局部领域"数字"的角色。进入数据治理阶段,数据工作重在通过建立一整套治理框架和工作体系,来提高数据管理水平以及破除银行条线、板块割裂的状态;并通过核心系统建设,解决由系统分割造成的缺乏统一的企业级数据规范的问题——企业级(企业级权责配置、企

---

① 李璠,柯丹. 构建大数据能力核心引擎,主动拥抱金融科技创新——中国光大银行大数据治理体系规划与实施[J]. 中国金融电脑,2017(5).

业级数据规范）是这一阶段工作的关键目标。进入大数据治理阶段，大数据、云计算、人工智能等技术的发展在改变了数据形态的同时，极大地拓宽了数据的应用领域，也改变了银行与外部数据生态的交互关系。正是因为如此，数据才成为赋能银行经营管理的重要资产。不过，无论是数据治理阶段，还是大数据治理阶段，我国银行数据工作对应的主要还是银行的传统业务模式。

当然，以上只是为了分析需要所做的模型化处理。事实上，上述各个阶段很难做泾渭分明式的划分，以体制分割为例，它不仅是数据治理阶段的重要挑战，也是大数据治理阶段的重要挑战。归纳起来，这些挑战包括以下几个方面。

第一，数据治理的科技附属化。从数据工作早期特征来看，数据标准等数据工作从属于系统建设和银行科技工作。因此，即使到如今，数据部门要么仍然从属于科技部门，要么在战略和思维上被打上深厚的科技烙印。这导致我国部分银行的数据工作强于平台建设，却弱于与业务和经营管理应用的内在联系；数据工作高度依赖项目推进，却缺乏内生的动力；数据工作的后台思维明显，数据被看作辅助支持业务和银行运作的资产，却不是与业务和运行高度融合的基本要素。这种局限性，限制了数据以及数据工作与银行数字化、智能化的融合。

第二，数据工作的封闭化。作为传统的后台支持部门，无论是数据部门，还是科技部门，银行的数据工作很多时候呈现封闭性的特点。尽管相关部门也和外部交流并进行一些交易，但本质上不是常态化的交互。这与大数据应用日益广泛、外部数据生态不断发展以及监管强化消费者保护和数据安全的趋势背道而驰。事实上，银行数据应用的趋势以及外部数据生态的发展，不仅需要银行数据工作走向开放，同时也为其创造了条件。首先，银行数据与外部数据具有互补性，银行数据与外部数据的整合有利于发挥大数据的价值；其次，在监管强化数据安全以及消费者保护的情况下，平台信息"断直连"等政策要求银行在数据获取上与地方机构如征信机构，建立合作生态，需要银行在隐私计算等领域参与相关技术生态合作，需要通过联合建模等形式强化银行的数据获取和开发能力。再次，随着数据要素市场改革的深化以及数据交易市场的形成和发展，银行需要通过交易等方式获取外部数据要素。最后，数据资产"入表"。为规范企业数据资源相关会计处理，2023年8月，财政部印发《企业数据资源相关会计处理暂行规定》，作为具有丰富数据资源禀赋以及数据产品开发能力的银行，将数据经营作为创新业务发展，具有良好的发展前景。

第三，数据工作的治理化。本质上，数据治理是组织中涉及数据使用的一整套管理行为以及权责架构，其重心在于管理。把数据工作等同于数据治理，这一趋向的突出特征是强管理、弱服务；在实际执行中，将企业级的数据工作退变为部门内部工作；数据工作侧重于对现有数据进行管理，而非从应用角度去主动筹措和运行数据。上述问题在传统的业务模式和银行运行模式下尚不突出，其原因在于数据的应用主要限于统计和挖掘。但在业务和银行运行数字化和智能化的背景下，单一的治理就难以满足银行数据作为业务发展和运行的基本要素的需要。

不难看出，中国银行业的数据工作亟待超越数据治理阶段——超越银行的自有封闭体系，超越数据治理的工作属性，超越体制、传统、能力局限。建立以应用为导向，以大数据治理为基础的开放化、一体化的大数据运营①体系。以企业级的数字化战略为指引，推进数据的要素化发展，推进银行数据工作从管理向运营转变。消除体制隔阂，通过流水线式高效运转的数据工作，赋能银行的业务模式和运行方式向数字化、智能化转型。

融入外部数据生态

数据要素市场改革不断深化

2015 年，中共十八届五中全会首次提出"国家大数据战略"。中共十九届四中全会首次明确数据作为生产要素参与收益分配。2020 年 5 月，《关于新时代加快完善社会主义市场经济体制的意见》首次将数据与技术、土地、资本等要素纳入改革范畴。2021 年 3 月，"十四五"规划提出，营造良好数字生态，建立健全数据要素市场规则，统筹数据开发利用、隐私保护和公共安全，加快建立数据资源产权、交易流通、跨境传输和安全保护等基础制度和标准规范。推进要素市场化配置改革，发展技术和数据要素

---

① 关于运营的理解：一是对数据治理进行评价、反馈的管理活动，它的内涵小于数据治理，是数据治理内涵的一部分内容；二是广义化的，对数据进行运作、管理、经营，本章采用的是这个含义，它的内涵包括数据治理，但大于数据治理。

市场，健全要素市场运行机制，完善交易规则和服务体系。2022年1月，国务院办公厅印发《要素市场化配置综合改革试点总体方案》，其中提到，到2025年要素市场化配置改革取得标志性成果，为完善全国要素市场制度作出重要示范。

自2015年以来，在国家层面，建立了"促进大数据发展部际联席会议制度"；在部委层面，国务院组成部门、直属特设机构和直属机构中，超过60%的单位印发对应领域大数据发展文件，并启动本行业大数据中心体系建设；在地方层面，大多数省级地方成立大数据管理机构——大数据管理局、政务服务数据管理局和大数据管理中心。

2022年2月17日，国家相关部委联合印发通知，同意在京津冀、长三角、粤港澳大湾区、成渝、内蒙古、贵州、甘肃、宁夏等八地启动建设国家算力枢纽节点，并规划了10个国家数据中心集群。至此，全国一体化大数据中心体系完成总体布局设计，"东数西算"工程正式全面启动。

不仅如此，在相关政策的支持下，各地还掀起了数据交易所建设热潮。自2015年贵阳大数据交易所正式挂牌运营以来，截至2022年3月，全国大陆地区由地方政府发起、主导或批复的数据交易所已有39家。

在此过程中，地方各级政府加快推动数据经营主体培育和数据产品开发。如浙江温州市基于省市公共数据平台，于2019年10月在"浙里办"、支付宝上线"个人数据宝"应用系统，为居民提供电子证照、贷款资料、健康档案等多种场景服务。与此同时，温州市还推动中国（温州）数安港数据产业集群建设。

据国家工信安全中心测算数据，2020年我国数据要素市场规模达到545亿元，"十三五"期间年均复合增速超过30%。预计到2025年，我国数据要素市场规模突破1 749亿元，整体进入高速发展阶段。

数据要素市场及其生态形成的条件尚待完善

一是数据要素流通的技术条件。数据安全与个人信息保护是数据要素流通的前提。在不违犯《个人信息保护法》与《数据安全法》的前提下，如何使数据在隐私保护的环境下进行流通，就变得非常重要。多方安全计算（MPC）技术使得"数据可用不可见"，利用这项技术，可以打破"数据孤岛"，促进数据的共享和应用。

与此同时，数据要素市场也需要监管与治理。这就需要在数据安全的前提下建设"监管工具"与"监管算法"，确保数据要素流通平台上的业务活动、生产活动在监管的框架下进行。零知识证明技术可以有效实现这一目标：政府部门或行业联盟可以共同利用零知识证明技术实现监管与隐私共存，验证数据要素使用的合规性、公平性等原则，保障数据隐私与企业机密。

二是数据交易的市场基础设施。确权与定价是建立和完善数据要素市场的关键问题。数据确权是建立数据交易规则和制度的前提。但数据本身的易复制、易传输、易修改等特点，使数据确权过程复杂困难，同时衍生数据的产生，也让其产权难以界定。

关于数据定价，理论上有市场法、成本法和收益法等数据定价机制，但数据价格不仅与数据采集难易、数据质量有关，更与特定应用场景有关。数据只有在特定场景下才能凸显价值，如此一来，容易形成对不同场景下的使用者实行不同价格的情形。同时，数据获取不仅涉及采集环节，在传输、存储、加工、计算等过程中会产生更多数据，特别是对原始数据清洗、标注后得到的衍生数据，价值陡增。数据主体的多元化、价值链条的拉长化，让定价工作也变得日趋复杂。

三是体制和法规基础。政务和公共数据的高效整合是发展数据要素市场的首要条件。不过，尽管政务体系一直在加强行业数据管理，但条块分割、重复建设等问题仍然较为突出，跨部门、跨系统、跨区域统筹协调难度依然很大，难以形成整体合力。面对未来数据流通的规模超大、领域超广泛、技术超复杂、监管全时空等特征，目前上下不联、横向不通的管理体制机制缺陷和障碍仍然十分突出。而各地大数据机构设置和职能范围五花八门，分管单位不尽相同，机构性质的多元化使得运行机制各有差异。

另外，数据作为一种虚拟物品，权利体系构成与实物有所差别。当前，我国在数据开放、数据交易和数据安全层面的立法工作亟待取得突破性进展。

在各地政府推动下，各地数据要素市场生态有望加快形成

从北京、上海、广东等地的实践看，相关工作目前仍处于探索培育阶段，但整体呈现不断加快发展态势。

北京市聚合全市 62 个市级部门、1 000 多个业务处室的数据，建设不同领域的数据专区，授权企业做平台化运营。例如，政务数据专区汇聚了经过脱敏的政府数据，授权相关企业运营并面向社会开放；金融公共数据专区则汇聚了 270 个委办局数据，与 20 余家银行对接，以方便银行进行贷款资质审核。

2021 年 3 月，北京国际大数据交易所成立，其创新点体现在以下几个方面。第一，通过整合数据源提供方、算法参与方、场景参与方、技术支撑方、数据交易服务方等多方参与者，构建北京国际数据交易联盟。第二，根据不同性质的数据，采取针对性的交易模式。针对无条件开放的公共数据，向社会免费开放；针对金融领域数据，采用授权调用、共同建模等方式，开展协同应用服务；针对高价值的多方数据，通过新型数据交易平台，采用多方安全计算、联邦学习等技术，支撑数据使用权交易。第三，依托长安链底层技术架构，实现数据存证、计算合约等交易行为确权。第四，根据使用用途和数量频次，针对计算结果、数据服务等进行市场化定价。

广东省在全国率先启动数据要素市场化配置改革，于 2021 年 7 月印发了《广东省数据要素市场化配置改革行动方案》，按照数据要素进入市场的顺序和分类，将数据要素市场结构设计为"两级交易市场"，即构建以政府行政机制为主的推进公共数据开放利用的"一级数据要素市场"，以市场竞争机制为主的鼓励社会数据交易的"二级数据要素市场"。在此过程中，广东省创新推出数据经纪人制度。2021 年 4 月，广东省政数局联合深圳市政府共同举办"2021全球开放数据应用创新大赛暨未来城市场景大会",广泛征集未来城市以及城市间协同发展的场景开发创意和解决方案。2022年9月30日,广州数据交易所在广州市南沙区正式揭牌运营。

为构建数据要素市场治理体系,广东省健全数据要素法规制度,相继施行《广东省数字经济促进条例》《广东省公共数据管理办法》等。2021年5月,借鉴国外经验,广东省出台了《广东省首席数据官制度试点工作方案》,首席数据官的职责将侧重于统筹数据管理和融合创新、组织制订数据治理工作的中长期发展规划及相关制度规范等。

融入外部数据生态是银行数据价值实现的战略基础

银行系统积淀了大量的客户数据、业务处理数据以及内部管理数据,这些数据是银行数字化经营的资源宝库。但就大数据的应用而言,这些数据也有其局限性。

首先,这些数据多是历史数据,即时性不足,难以支持对未来趋势的有效预测。其次,尽管银行拥有海量的客户数据,但这些数据并不能完整描述客户的全貌。社会层面的、非结构化的数据对银行构建完整的客户画像非常重要。最后,从属性上看,银行数据具有强金融相关性,但对于广泛的长尾客户,上述数据不仅是缺乏的,也可能是失真的,因此,单一的基本数据和财务数据不能支持银行应用大数据进行全量客户拓展。

在大数据时代,银行数据的价值不仅取决于银行数据的容量，还取决于其多源性和开放性。而要实现这一点，就要求银行顺应数据要素市场改革的趋势，充分融入日趋形成的大数据生态之中。事实上，作为以数据经营为基础、具有强大技术能力的机构，银行也是数据要素市场重要的参与者，并可以在数据生态建设中扮演多种角色。具体而言，银行个体可以根据战略目标以及自身禀赋选择如下四种生态角色中的一种或多种，以此来融入外部数据生态。

第一种角色：数据赋能视角下的市场参与者。实现内外部数据整合以支持大数据分析，是银行融入外部数据生态的初衷。一方面，通过引入人行征信、政务和公共服务等公开数据，赋能业务发展。另一方面，通过数据采购、数据共享和联合运营等市场化合作模式，与更加广泛的外部数据源建立合作关系，积极引入客户行为、客户公共评价、业务经营、收支消费、社会关系、航旅数据、失联修复、外部资产负债数据、风险评价数据、运营商数据、学历学籍数据、车产、银联数据、地图信息、楼盘数据、经济指标数据、国税数据等多源信息，引入数据技术以及数据技术服务商服务。

第二种角色：数据要素市场运行中的金融服务者。创新能力强的商业银行也可作为要素市场第三方机构，在数据资产估值服务、数据资产质押融资、数据资产证券化、数据信托等领域加快研发金融业务和产品，推动数据要素市场定价、融通和货币化工具创新。

第三种角色：数据经营视角下的数据产品供给者和经营者。

数据资源禀赋高的商业银行可以将自身的数据资源进行深加工，通过向数据要素市场提供数据产品来获得数据要素收入，拓展金融业务以外的衍生业务收入。

第四种角色：数据要素市场改革以及数据生态建设的深度参与者。例如一些银行助力地方大数据中心以及信用平台建设。通过与政府联合建模等方式搭建数据应用场景，利用银行的"算力+算法"推动政务数据治理与应用；为了解决数据安全和隐私保护问题，一些银行积极投身隐私计算等算法研究；积极投身行业数据标准制定以及相关法律法规建设。

银行对数据要素市场以及数据生态的深度参与，其意义不仅在于为银行的数据赋能以及数据经营提供战略上的话语权与主动权，更在于为银行深入理解数据、技术以及生态中的权属关系提供契机，有利于行内行外标准的对接以及不同源头数据的交叉验证和相互匹配。

建立与大数据应用相适应的数据治理与服务体系

尽管当前银行的数据工作要超越数据治理，推进大数据运营，但需要强调的是，大数据治理和服务体系建设仍然是大数据运营体系建设的关键环节，数据治理与服务工作仍然是银行数据工作的基础工作。

所谓数据治理，是指银行业金融机构通过建立组织架构，明确董事会、监事会、高级管理层及内设部门等职责要求，制定和实施系统化的制度、流程和方法，确保数据统一管理、高效运行，并在经营管理中充分发挥价值的动态过程。

从实践来看，数据治理包括以下几方面内容。

- 元数据管理：包括元数据采集、血缘分析、影响分析等内容。
- 数据标准管理：包括标准定义、标准查询、标准发布等内容。
- 数据质量管理：包括质量规则定义、质量检查、质量报告等内容。
- 数据集成管理：包括数据处理、数据加工、数据汇集等内容。
- 数据资产管理：包括数据资产编目、数据资产服务、数据资产审批等内容。
- 数据安全管理：包括数据权限管理、数据脱敏、数据加密等内容。
- 数据生命周期管理：包括数据归档、数据销毁等内容。
- 主数据管理：包括主数据申请、主数据发布、主数据分发等内容。

传统上，我国银行在数据治理方面面临的挑战主要来自银行IT系统以及条线体制的分割问题。银行信息系统建设主要遵循条线级思路，不同板块经营数据和客户基础数据在系统间存在割裂。多数银行数据共享机制尚未理顺，缺乏统一的数据标准和关键指标，数据标准的维护、更新不到位，指标重复建设和口径不统一的情况突出，数据质量和数据可用性不高。为了解决上述问题，我国银行在提高数据治理水平上进行了诸多探索，主要从以下几方面入手。

第一，建立数据仓库，整合全行数据。通过建立数据仓库，整合核心系统、对公信贷系统、个贷系统、网银系统、国际结算系统等源业务系统数据。同时，一些银行在有效整合全行数据的同时，推进面向特定应用的数据集市建设。

第二，建立企业级的数据标准体系。建立企业级数据标准体系，包括业务定义、技术定义和管理信息，并将数据标准作为企业强制标准，嵌入系统建设各流程。系统建设需求须明确设计数据字段，新建、重构、升级改造类系统，以及关联系统相关数据项、新增数据项全部落标。

第三，建立数据质量管理体系。建立从问题发现、问题分析、问题整改，到监控与考核的数据质量闭环管理机制。建立数据认责机制，将数据定义、支持、产生、存储、交换、加工、归档、应用等全生命周期中的责任落实到相关部门，明确数据质量工作的参与部门及其责任。

不难看出，上述数据治理，是与银行的信息化、IT化相适应的，是信息化背景下的银行数据治理。其主要逻辑在于通过对现有数据的整合，进行统一分析和数据挖掘，进而为银行监管数据报送、精细化管理、风险防控等提供数据支持，其侧重点在于赋能传统业务模式下的银行经营决策；建立起数据治理的技术性体系是本阶段数据治理的主要任务，企业级是本阶段数据治理的关键词，而质量和标准是主要落脚点。总体言之，通过"管起来"，实现"用起来"，是传统框架下的数据治理的基本特征。

与信息化时代的数据治理不同，大数据时代银行数据治理呈现新的特点。这一特点来自大数据的特点及其对银行数据治理的影响。大数据的产生和发展，与互联网尤其是移动互联网的蓬勃发展息息相关。正是互联网和移动互联网的蓬勃发展，带来了多源的、异构的、频繁交互的巨量数据的超大规模增长。需要强调的是，大数据不仅是对数据形态的描述，更是全新的技术与思维。大数据分析依据的不是随机数据，而是全量数据；大数据分析探索的不是因果关系，而是相关关系；大数据分析强化的是实时分析，而非批量式分析，其更善于对未来趋势和模式进行可预测分析；相对于传统的商业智能，与大数据相连接的是机器学习与人工智能。

大数据与云计算、人工智能等技术结合，让数据不再是银行IT运行的副产品，而是可以通过二次甚至多次加工，成为为银行产品创新、业务发展以及经营管理赋能的生产资料。这种全方位的变革，自然对银行的数据治理带来全新的要求，但同样也带来挑战。相对于信息化时代的银行数据治理，其主要发生如下变化。

第一，大数据体量的增长需要更高性价比的数据计算与储存方式，调整数据存储架构，强化数据技术及其基础设施，具有突出的战略性。

第二，非结构化数据、内外部数据混搭、云化处理等，都会冲击传统的数据管理模式，推动数据管理的企业级要求向全量数据要求拓展，成为新诉求。

第三，数据价值高度依赖数据处理能力及其过程控制，而数据加工的复杂度和速度要求越来越高，也对传统管理效率提出挑战。推动数据的集成化、产品化，提高数据的复用能力，成为重要趋势。

第四，数据治理的业务价值不断凸显，推动业务与银行运行的数字化、线上化、智能化，成为大数据治理的关键旨归。在此过程中，数据治理工作的重心开始从赋能精细化管理、满足监管要求，向赋能业务发展领域拓展。

可见，大数据时代的数据治理，其技术和基础设施要求、数据管理的广度、数据处理加工的难度、数据应用的深度，都发生了重大改变，而其背后则是数据治理目标与逻辑的改变。与信息化时代的数据治理目标和逻辑相比较，大数据时代的数据治理，是为了"用起来"而去"管起来"。如果说信息化时代的数据治理是通过对现有数据资源进行整合、统计、挖掘来体现价值，那么大数据时代的数据治理则是为了特定的价值实现，尤其是业务价值实现，而去筹措、生产数据，并加工、整合、挖掘、人工智能建模。其中，数据的属性和地位发生了重大变化，数据不再是对银行既定经营管理的统计性反映，而是和资金一样的银行数字化业务的经营资源（类似于矿藏）。

在这种情况下，相对于信息化时代的数据治理，大数据治理就需要重构其逻辑及其相关体系，强化对数据矿藏的采集、处理、加工能力，以数据矿藏的价值管理为中心，围绕内外部数据融合分析能力、非结构化数据分析能力以及模型构建能力三大能力建设，提高对业务的服务能力。具体做法包括以下三个方面。

第一，强化数据技术及基础设施建设。开展先进工具的探索和引入工作，积极探索借助先进工具抓取有价值、可信的互联网数据，跟踪业界区块链、人工智能等新技术、新方法。基于企业级客户信息系统、数据湖、虚拟湖、图技术、区块链、隐私计算等先进技术，打造企业级数据技术底座。建设一体化大数据开发平台，构建图数据库，增强数据分析及机器学习能力。建立数据湖，增强非结构化数据采集和处理能力；利用分布式处理技术，提升海量数据计算能力，实现分布式海量云存储。构建泛金融数据模型，整合外部数据，形成多元数据体系；建设数据运营平台，动态管理数据运营。

第二，建立以价值管理为核心、以应用为导向的治理体系。数据治理并非仅仅是质量和标准管理，在数字化时代，业务活动既是数据应用的过程，也是进行数据采集、生成和数据质量控制的过程。应明晰数据治理的目标是应用，尤其是业务应用，而价值管理应该是数据治理的核心。要建立主动的业务数据化体系，以及由使用者发起的治理激励机制。由数字化业务需求推动业务数据的筹划、生产以及质量管理。推动业务数据化与数据业务化的一体化，实现业务部门数据生产与使用的权责统一。变数据治理中的认责制为利益驱动的内生机制和认责制相结合的新型机制。要建立数据价值评价模型，根据数据使用频度、重要性、精准性、安全等级、监管要求等，以及数据在产品创设、客户标签、营销机会、风险技术、作业流程等方面的应用进行标识和评估，实行分类管理，确定数据质量、存储、安全、调用等策略，让管理层、数据认责部门、数据管理部门和信息技术部门建立共同的数据价值判断标准。

第三，建立以客户为中心的服务体系。随着数据工作的重点由为监管和银行管理提供数据支持，转向为业务赋能，数据工作的经营属性不断强化。在这种情况下，数据工作不仅仅是关于数据管理的工作，更是一个服务于市场竞争的经营活动。数据工作要建立内部服务意识，依托大数据智能平台等基础设施，更好地促进数据的应用。具体包括以下三个方面。一是完善需求管理与服务体系。对数据需求进行集中管理，明确不同类型数据需求的交付方式和服务流程。二是推动数据资产化、产品化，建立资产管理名录。建立数据超市。推动数据前台化经营，适时推出专业数据经营团队参与外部数据市场的常态化交易。三是提高数据能力集成和复用能力，建立数据中台体系。建立分行特色数据产品和应用在全行的共享与推广机制。

当然，大数据工作建立在全量数据的理念基础上，因此，在持续完善数据治理的基础工作的同时，银行还需要持续有序地推进存量工作的改善，将存量数据纳入统一的企业级标准、质量管理以及相关服务体系中。

需要指出的是，中国银行业不同银行主体的数据治理演化阶段和治理水平存在很大差异。领先银行已经开始通过大数据治理为数字化赋能，一些中小银行的数据治理工作才刚刚起步。对于后者，其数据治理任务与逻辑，就不仅仅是大数据治理的范畴，而是需要将传统数据治理的挑战与大数据治理任务一并加以考虑，将历史问题与当前挑战一同加以解决。

建立与数据应用相融合的经营管理体系

数据治理是为了应用，而不是为了治理而治理。和信息化时代的数据应用不同，大数据时代的数据应用，应该成为银行经营发展的自觉与本能。银行机构应着重建立以数据为核心的决策机制、管理流程和业务模式。让数据内生地嵌入银行的经营管理与业务发展中。在此情况下，数据体系既不该再次从属于科技，但也不适合自成体系。事实上，两者都应该集合在银行数字化的大旗之下——在全面数字化时代，银行亟待建立业务、数据、科技三位一体的经营体系。

建立以数据应用为核心的数字化战略

顶层设计、战略推动，对于数据运营从数据治理转入高效应用至关重要。传统上，因为数据是 IT 系统运行的结果，因此，很长一段时间，数据战略、数据规划往往从属于科技战略、科技规划。数据治理专题作为科技规划的子规划而存在，其重点在于围绕数据模型、数据标准、数据质量、元数据、主数据和数据生命周期管理等数据治理领域，建立数据治理体系。但是科技战略范畴下的数据战略，具有鲜明的后台特征，其重点在于为银行经营以及监管用数提供支持。在这样的体系下，数据的应用和业务发展的联系相对薄弱。多数银行的数据管理部门或科技部门与业务部门存在明显的体制鸿沟。不仅如此，其对应的主要业务模式，仍然是传统的线下业务模式。

随着大数据理念以及技术的兴起，数据应用的广度和深度不断拓展。在这种情况下，一些银行推出大数据战略，设立总行一级数据管理机构，建立大数据中心，从事专业的数据分析和建模工作，并形成以下数据运营体系：业务部门和分行负责提出数据应用需求，数据管理部门和大数据中心负责提供专业的数据支持以及分析方法和分析工具，信息技术部门负责提供大数据应用基础设施保障。这样的体系，在大数据项目的推动下，初期会取得积极的进展。但由于缺乏明确的业务线上化、数字化的战略，缺乏经营管理的数字化、智能化目标，长期看，大数据应用更多地依赖所谓数据部门主动的项目推动，数据应用缺乏内在的长效机制。而运动式动员、项目式推进下的数据应用，往往取得的只能是散点性的成果，数据应用缺乏全局性以及应有的渗透性。自然，数据工作绩效呈现边际递减效应。

由此可见，大数据体系的良性运转，要实现具有广度、深度、覆盖度的应用，必须匹配以线上化、数字化的业务模式，数据化、智能化的银行运行体系。这背后是银行数字化战略推动的业务转型和运营方式转变。换句话说,在大数据时代,尤其是在当前银行经营线上化、平台化的发展趋势下,银行的数据战略必须摆脱从属于科技战略或者单一大数据战略的境况,而是要从数字化、数智化的战略视角,从业务转型和运营方式转变的角度,来对数据的企业级运营做顶层设计,摆脱数据治理为治理而治理的困境,建立数据应用的长效机制,实现数据的外部生态交互、内部数据治理和服务以及数据应用的高效运转。一句话,大数据运营的逻辑起点,是业务转型战略以及经营管理数智化、数字化战略。

以组织与人才体系建设完善银行体系的"用数意识"与数据工作能力

在一些银行的实际数据工作中,存在所谓业务驱动、数据驱动两类应用机制。前者是由业务提供需求的数据项目工作,后者是指专门由数据管理部门及其数据分析团队来提出需求,并主导相关数据项目。之所以形成这种局面,从根本上说,在于业务或用数部门对数据工作的传导是不畅通的。要解决上述问题,关键在于建立业务部门、用数机构本能性的用数意识和能力。这种意识和能力,主要靠数据应用的组织体系建设来实现,具体包括以下三个方面。

第一,改变在金融科技框架下建立数据治理领导统筹机构的传统做法,在数字化的战略框架下建立数据工作的领导统筹机构,统一领导包括数据生态交互、数据治理与服务、数据应用的大数据运营工作。作为数字化的底层工作,数据工作必须是"一把手"工程——"一把手"应该是相关机构的主要负责人。相关机构负责拟定数据战略，编制数据发展规划，审议、推动重大数据基础设施建设、重大项目建设。

第二，建立各部门、各条线、各分行、各层级机构的数据工作专家体系，统筹负责本部门、本单位、本团队的业务数据化以及数据业务化工作，实现数据初始生产与数据应用工作的统一。要通过专家工作，实现对本机构应用数据方向的洞察，实现对数据应用原始数据需求的提出以及业务数据的主动生产，实现业务部门和用数部门与数据部门和科技部门的专业对接，并引领、培育各机构工作人员的用数意识。相关人才队伍应是兼具业务视野以及数据和科技能力的复合型人才，主要通过"干中学"的培训方式来培养，比如使业务部门和用数部门相关人员定期直接参与数据部门的数据治理项目，以及大数据建模团队的数据建模工作。

第三，建立专门的数据挖掘与数据建模的大数据服务团队——大数据中心，负责为数据挖掘和数据建模提供方法、工具，以及为各应用部门提供深入的建模服务。为了提高相关服务的专业性和针对性，数据中心宜针对风险管理、经营管理以及零售、对公等大的条线，建立专业化、针对性的细分团队，与相关服务对象建立固定的长期合作关系，提高对相关领域的专业深耕水平。在考核激励上，相关团队应受大数据中心以及所服务机构的双重考核。

建立数据工作的系统性推进机制

将数字化转变为可持续的发展能力和现实的经营成果，避免运动式的工作方式以及形式主义，避免数字化成为"盆景"，这是推进数据应用进入良性运行轨道的基础。因此，建立相互配合、互为支持的工作机制就显得异常重要。总体而言，银行可以采取以下三种方式来推进数据应用。

第一，建立大数据应用项目推动机制。通过项目来推动大数据工作快速突破，是重要的工作机制。在全面数字化时代，推动银行数据应用的项目主要有如下几种：一是数据基础设施项目，如大数据工作平台项目、非结构化数据探索与应用；二是客户营销与管理工作项目，如企业级客户标签、信用卡智慧化客户经营、网络金融获客活客大数据分析；三是数据赋能银行业务发展，如小微数字化金融大数据项目；四是赋能风控和合规管理，如客户关系图谱项目、线上业务反欺诈项目、数字化反洗钱可疑交易监测模型；五是赋能银行管理的大数据分析，如员工业绩智能计量项目、资金形态监测项目、业务结构与经济资本管理数据分析。

第二，建立数字化的孵化机制。对银行而言，数字化没有先例，实验和探索是银行数字化创新工作的基本属性。然而，银行条线分割、部门割裂的体制以及业务部门的现实业绩压力，使其很难心无旁骛在数字化上进行大胆创新。在这种情况下，建立数字化案例的孵化机制，通过数字化实验室和样本间工作，加速培育典型案例，走一条"实验—样本间—全行推广"的孵化之路，对于银行降低数字化决策风险，加速数字化创新进程将具有重要意义。从行业实践来看，建设银行的"数字化工厂"就是这样一种机制。从机构设置上看，数字化孵化机构应该是一个集业务、产品、渠道、科技，并超越条线的复合型独立机构。正是这样一个专职的、超越现实体系束缚的机构设置，才能真正地将其工作聚焦于具有战略意义的新生态、新场景、新运营以及新机制的实验和探索上，从而直面银行数字化的关键性挑战——数字化获客以及场景生态构建。

第三，通过常态化的经营来推动数据的应用。项目工作有助于数字化的单点突破，但在全面数字化时代，银行的数字化必须是全局性的，要融入经营管理之中，体现为具体的经营成果。这既是数字化的初衷，也是检验银行数字化深度的重要尺度。因此，银行还要在常态化的经营中推动数字化的发展。实现常态化经营与数字化转型的融合，主要通过数字化经营计划、数字化经营目标、数字化经营资源配置，以及建立对全行各机构数字化进程及其能力的评估体系、考核激励体系等来实现。

第六章
打造数字化的科技基础

推进银行科技工作从信息化向数字化升级

银行的科技及其基础设施建设，是与银行的服务形态以及银行的运行模式相匹配的。作为一种完全数字化时代的银行形态和运行模式，数字原生银行也需要特定的科技及其基础设施与之相适应。但长期以来，多数银行的科技工作秉承的逻辑与银行的数字原生战略并不完全匹配，其背后是银行科技工作的信息化逻辑与数字化逻辑的差异性。

在过去近20年的发展历程中，中国银行业的科技工作主要聚焦于信息化，主要完成了如下几项工作。[①]

第一，实现了数据大集中。通过数据大集中，将无数个小银行集合体整合为一个真正意义上的银行，将中国银行业从手工银

---

① 姜建清. 中国银行业信息化问题探讨［J］. 中国流通经济，2012（8）.

行时代、微机银行时代、小型机银行时代、省域大型机时代，推向数据大集中时代，为银行的现代化经营管理奠定了基础。

第二，实现了后台运营集约化。在数据大集中的基础上，建立全行的数据库，建立业务处理中心、金融交易中心、单证中心、报表中心、电子银行中心、电话银行中心、短信平台、远程授权等集约化的运行平台，改变了分散作业的模式，实现了后台业务处理工厂化、集约化和标准化，大幅提升了业务运行效率。

第三，实现了管理信息化。开发了一系列管理系统，通过业务系统、产品管理系统、风险管理系统、绩效考核系统等，提升了银行的经营管理水平。

第四，实现了渠道服务电子化。在计算机集中处理的支撑下，银行实现了交易和查询业务的电子化、自助化。网上银行、手机银行、自助设备的快速发展推动了电子渠道对银行传统柜面业务的替代。当前，电子渠道已经成为银行交易业务服务输出的主渠道。

从全量客户、全量业务角度看，银行信息化工作对应的主要是以线下为主的银行服务形态，提供的是银行的交易工具和管理手段，具有鲜明的工具特征、内部管理特征以及中后台特征。其核心和本质是运用网络、计算机、数据库等信息技术，实现交易型业务（例如，支付、转账）的电子化，以及业务管理流程、职能管理流程的线上化。相关工作的核心诉求在于通过电子化和线上化，优化业务流程，提升管理和服务效率，实现经营管理数据的可记录和可统计。其典型的工作内容是银行IT系统建设。

与银行的信息化不同，以数字原生战略推动的数字化银行，本质上是一个以线上服务为主的线上线下一体化的数字银行体系。它超越了局部数字化的范畴，是一个完整的、协同的数字化银行体系。信息科技也开始从支持保障角色，向引领业务发展和促进经营模式转型转变。同样，和信息化时代的 IT 系统建设要求相比较，数字原生银行的系统与基础设施建设具有以下完全不同的属性要求。

第一，企业级与一体化。在银行的信息化过程中，以部门为主导的信息系统建设造成系统之间的分割和流程的断裂。相对于银行的渐进信息化进程，数字原生银行在于构建一个整体性的数字化银行，企业级是其鲜明的特征。消除部门、条线分割关系，从全银行角度，端到端地优化业务流程，实现各部门、总分支机构的整体协同，这是企业级视角的基本要求。与企业级相适应的，是数字原生银行系统建设的一体化要求。要通过统一的业务模型、统一的技术架构、统一的数据模型，建立统一的银行 IT 开发的工艺流程；通过系统的连接、标准的统一，提升数据的可用性，建立全行一体化的客户视图。

第二，智能化与精益化。数字化与信息化最大的差别，就在于数据在 IT 建设以及银行运行中的角色和价值差异。在信息化银行中，数据是流程管理中对数字的记录，其价值在于通过统计分析，反映业务和经营管理的现实，从而为银行的经营决策提供辅助支持。但在数字化银行中，数据及其运营的价值早已超越了辅助决策，而是成为银行整体运行的基石和驱动力。通过算法和算力建设，数据推动银行业务经营以及内部管理的智能化；但与信息化下的自助化、自动化不同，智能化真正的落脚点在于建立在智能化基础上的业务经营和内部管理的精益化。也正是因为如此，数字化银行的IT系统建设，其价值实现和落脚点，在于智能化以及智能化基础上的精益化，其价值红利来源于算法、算力背后的科技革命。相对而言，信息化背景下的IT系统建设，更多是线上化带来的对时空限制的突破，以及流程优化带来的便利。

第三，开放与敏捷。在全面数字化时代，银行是场景与生态中的银行，银行要将自身服务嵌入外部场景和生态的运行中。这就要求银行的IT系统与外部世界相连接。于是，相对于信息化时代IT系统建设的内向性，数字原生银行的IT系统建设具有明显的开放性。与银行系统建设的开放性和连接性相伴生的，是银行IT建设、交付以及运维、迭代的敏捷性。它是数字化时代用户体验，乃至于内部员工体验的重要内容。

第四，共享与赋能（减负）。全面数字化时代的数字银行建设，不是局部的数字化，不存在银行内部的数字鸿沟，全部员工、中后台以及职能体系都被纳入数字化进程中，剔除由于数字化不同步造成的体制障碍，强化数字化的普遍性。普通的数字化效应不仅是银行整体运行效能的提高，还在于通过对技术、数据、产品、工具等组件的共享，实现对员工个人和机构的赋能效应。要通过数字化以及数字化背后的科技应用、工具供给，提升员工和机构的专业能力，延展其服务水平，降低员工和机构的劳动强度和任务负担。

第五，高频与弹性。随着银行非现金支付业务的快速发展、小额高频普惠性业务的拓展，以及大型客户服务向交易银行业务进化，高频化已经成为银行业务发展的基本趋势。与高频化相适应的是银行IT系统的弹性。银行系统要满足业务扩张的需求，扛住业务峰值的冲击，同时将IT运营成本保持在一定低水平，这是数字原生银行IT系统建设弹性的主要内涵。

从数字化和信息化的差异性上，我们可以看出，银行科技工作亟待从信息化向数字化升级和进化。不过，需要注意的是，当前我国银行的信息化和数字化进程还存在很大差异。一方面，一些中小银行还处在信息化进程中；另一方面，一些大型银行尽管前台体系已经向数字化转型，但其内部职能部门的数字化本质上仍然是信息化。在这种情况下，就产生一个问题，那就是在行业整体向数字化迈进的趋势下，处在信息化进程中的银行，需要补齐信息化的短板，再在信息化的基础上迈向数字化吗？信息化与当前的数字化转型是什么样的关系呢？

要回答这些问题，关键在于明晰银行科技工作以及IT建设导向数字化逻辑的本质。银行的IT系统建设，不仅是一种技术能力的构建过程，更是银行内部体制机制流程的整体变革的过程。在外部技术环境日趋成熟的背景下，仍然致力于信息化，等于进一步强化既有的银行体制机制以及流程。这不仅使银行丧失了应用新兴科技能力的机遇，而且因系统建设的沉没成本、系统对体制机制流程乃至观念的固化，成为数字化转型的阻碍力量。

需要指出的是，尽管中国银行业的科技工作亟待从信息化逻辑升级到数字化逻辑，但信息化逻辑并非当前数字化的基础和必要条件。也就是说，在数字化急剧发展的时代，即使是没有实现信息化的银行，当前其科技工作以及 IT 系统建设也要遵循企业级与一体化、智能化与精益化、开放与敏捷、共享与赋能、高频与弹性等新的趋势要求。

推动 IT 技术架构向分布式、服务化架构转型

作为完全的数字化的银行体系，数字原生银行的系统建设所具有的企业级、智能化、开放化、高频性以及对新兴科技的应用等属性，意味着庞大的信息系统、复杂的系统功能、巨量的数据存储与应用、系统的持续扩张性，以及强大的系统交易功能。但这也给传统的银行技术架构——以 IOE（IBM 公司的服务器、Oracle 公司的数据库、EMC 公司的信息存储设备）为核心的集中式架构，带来了如下挑战。

第一，相关架构的软件和硬件都为上述公司所垄断，高度依赖供应商支持。第二，在大数据环境下，系统和数据存量和增量都极其庞大，采购付出成本高。第三，在 IOE 架构下，数据存储和处理都是基于结构化的关系型数据库，无法有效处理大数据环境下的非结构化数据。第四，IOE 架构下的数据处理都属于 TB 级别，无法应对瞬间海量交易需求，性能瓶颈明显。第五，主机集中式架构的应用服务和数据服务紧耦合，应用系统运行在同一

套主机服务器集群中,扩展性主要依赖主机系统平台,具有很强的纵向扩展能力,但不支持跨主机集群的横向扩展。[①] 第六,随着银行系统的不断扩张,集中式架构所面临的因为数据库不可用而引起全局性故障的风险也在不断增加。

当然,在银行传统 IT 架构面临挑战的同时,云计算等新一轮信息技术革命及其应用,也为银行 IT 架构的调整创造了条件。在这方面,具有互联网基因、以互联网为基本形态的网商、微众等银行采用了去 IOE 的架构来建设核心系统,引领了数字化银行 IT 架构调整的基本方向——从集中式架构向分布式架构转型,即以分布式计算架构以及分布式数据存储,以较低的成本,来支持大规模、突发性、高并发的交易,快速应对亿级用户数和巨量数据的应用需求。

相对于计算与数据存储技术框架的变革,应用软件设计部署的"微服务"架构同样重要。随着银行业务以及外部场景的拓展,银行系统日益庞大而复杂。在这种情况下,系统的修改牵一发而动全身,于是微服务架构应运而生。它使用相同的技术栈,按照功能模块进行服务拆分,并建设一个个独立的子系统,运行于同一套框架体系内,以此来解决模块间的耦合问题,降低系统修改时的影响范围和难度,推动功能模块的复用,支持银行 IT 系统的快速迭代开发,提高银行科技工作的敏捷性。

近年来,以新一代核心银行系统建设为契机,我国银行业积

---

① 金磐石.分布式转型中的主机下移实践[J].金融电子化,2017(5).

极推动银行科技架构的转型。例如，农业银行基于新一代核心系统——"蓝海工程"（Blue Ocean Engineering，简写为 BoEing），通过功能分离、数据分离、应用分离，推动系统架构向"主机 + 分布式开放平台"的融合式 IT 架构转型。[①] 建设银行基于"新一代"系统建设成果，在基础设施层、平台层和应用层同步推进国产技术栈分布式改造，并于 2021 年完成了大型银行分布式核心系统架构转型，具备了以分布式架构系统全面替代传统架构核心系统的能力。民生银行采用自主研发的方式，以开源和国产 X86 服务器为技术选型策略，分三阶段建设"分布式核心系统"。2018 年 1 月，上线分布式核心金融云平台，完成了直销银行系统全部 1 200 万电子账户的迁移，建立了分布式金融云双活灾备体系，成功上线了分布式核心账户系统。[②]

不过，需要强调的是，IT 系统架构的转型必然伴随业务系统的重构展开。以大型银行为例，其大多建设了数百个业务系统，因此，巨大的工作量也决定了架构转型是个长期性的工作。[③] 在此过程中，银行 IT 架构的调整并非一蹴而就，而是包括技术、路径、体系以及过程控制的系统性工程。架构调整工作顺利与否，有赖于银行对多种因素的综合把控。

[①] 杨飞. 银行新一代核心系统建设及启示 [J]. 杭州金融研修学院学报, 2019（6）.
[②] 牛新庄. 分布式架构为民生银行科技金融战略打下坚实基础 [J]. 金融电子化, 2018（5）.
[③] 刘光辉. "互联网+"时代的银行 IT 架构转型策略 [J]. 金融电子化, 2018（5）.

第一，分布式架构调整的具体路径，是个体银行根据自身特点以及战略需求的策略性选择。不同银行的技术能力、业务体量以及战略需求存在较大的差异，这决定了不同银行实施分布式架构调整的路径必然存在差异。以具体的架构选择为例，分布式架构尽管具有弹性好、可扩展性强、低成本等特性，但也存在不足，而主机集中式架构则具有高可用性和高一致性等特性。在这种情况下，当前我国大型银行的架构调整更多采用的是集中式与分布式相结合的混合架构。与之相对照的是，一些中小银行则实现了核心业务系统的整体上云。

第二，分布式架构改造是一个技术研发与应用的系统性工程。以工商银行为例，为实现分布式转型，工商银行以建设企业级分布式技术体系为目标，从2014年开始，历经四年（到2017年），基本建设出一个比较完备的分布式技术体系，并已开始在快捷支付、个人账户等热点场景进行试点应用，未来将继续完善体系建设。[1] 目前，工商银行已经实现分布式技术体系的规模化应用。

从工商银行的例子不难看出，对大型银行而言，结合银行系统现状、业务发展规划、系统改造成本等综合因素，确定适合的掌握关键核心技术的方案、转型路径，形成自主可控、符合金融行业IT发展规划的分布式系统技术体系，是推进分布式架构转型

---

[1] 王鑫. 工行分布式技术体系实践经验［EB/OL］. https://www.sohu.com/a/414105815_223323, 2020–08–20.

的基础。

基于以上因素，银行需要在统筹技术能力、人力资源状况以及财力的基础上，综合考量建设（获取）相关技术体系并推动系统建设的模式，在自主研发、项目外包以及系统托管等模式中进行科学决策。

第三，分布式架构调整是一个需要平衡转型与业务连续性、一致性及稳定性的过程。金融业信息系统建设历史久远，遗留系统较多且技术栈相对陈旧，系统迁移涉及海量账户、业务明细类数据，在迁移过程中，还需保证业务连续性。全面架构转型需兼顾平稳改造和迁移的要求。在这方面，建设银行探索了双机并行平滑迁移、数据分批迁移模式。[①] 通过企业服务总线将全量、全业务、真实生产交易在分布式系统实时联机并行，比对生产系统和分布式系统的执行结果，验证分布式银行核心系统处理逻辑的一致性、功能、性能及稳定性。在海量数据迁移时，建设银行采用多批次、全量与增量相结合的渐进式切换策略，进行数据转换和迁移，将停机时间降到小时级，稳步有序推进项目实施。

第四，分布式架构调整是一个体系的整体变革。从集中式向分布式架构转型后，部署单元数量增多，组件间服务调用关系复杂度提升，传统的开发、测试、运维及安全保障工作面临严峻挑战。因此，建立完善的可视化研发、故障演练、数据迁移、测试

[①] 张晓东.IT架构赋能金融数字化转型——建行分布式架构实践与思考［J］.金融电子化，2022（6）.

验证等覆盖信息系统架构转型所需的完整的研发测试方法及工具体系，建立与企业级架构能力相匹配的运维体系，推动生产运维向智能化转型，提升业务运营感知能力、业务连续性保障能力和基础架构运维掌控能力，也是分布式架构转型的必要配套体系。[1]

在"一个银行"框架下升级银行 IT 系统建设

数字化最终要落到 IT 系统建设上。中国银行业的信息化是分步、渐进的发展过程。[2] 在信息化初始阶段，系统主要由部门和条线开发，系统之间专业分割，技术架构和数据标准不统一；系统间存在流程和数据断点，数据可用性差，无法形成统一的客户视图；系统间关联复杂，流程冗长，运行成本高。[3] 而随着信息化的不断深化，银行信息系统更趋庞杂。紧耦合的系统特点，又让系统改造难度不断加大，创新研发周期不断被拉长。同时，日趋泛滥的各类管理信息系统的建设，在将更多的银行员工卷入数字化大潮的同时，却不一定带来银行整体效率的提升，反而可能以牺牲银行整体效率为代价。

当前，随着中国银行业科技工作从信息化向数字化升级，尤其是随着"新一代"核心业务系统的开发、数据治理的强化以及

---

[1] 张晓东. IT 架构赋能金融数字化转型——建行分布式架构实践与思考［J］. 金融电子化, 2022（6）.
[2] 姜建清. 中国银行业信息化问题探讨［J］. 中国流通经济, 2012（8）.
[3] 同上.

金融科技的加快应用，渐进数字化所呈现的信息系统弊端有所缓解，但相对于全面数字化的要求，其仍然存在较大的差距，具体表现在以下几个方面。

第一，信息系统建设对以客户为中心理念的支撑。传统银行事实上秉承以产品为中心的经营体系。近年来，中国银行业不断强调以客户为中心的理念，但在实践上却进展有限。随着数字化的发展，一些银行试图立足于信息系统建设所实现的统一的客户视图，通过数据洞察来强化智能化营销，以及提供有针对性、差异性的综合金融服务，从而提高数字化服务的客户体验。不过，这样的进展，仍然难以满足全面数字化时代全量客户服务的要求。根据互联网的进化方向，如何将客户洞察、差异化综合服务所实现的效率体验，与服务形态创新所实现的情感体验相结合，将成为银行信息系统建设的新要求。

第二，信息系统建设与业务架构、业务内涵调整的契合。随着我国经济社会的发展以及数字化的演进，银行业的业务结构、业务模式也在发生重大变化。零售业务的新零售化、对公业务的交易化、财富管理与科技金融的崛起、农村金融战略价值的凸显，都将改变银行业务发展的版图。在此情况下，银行信息系统建设也要与业务架构和业务内涵重构相适应，要通过创新技术应用、客户逻辑重构、服务流程优化、系统功能重建，来推动银行业务的特色化发展。

第三，信息系统建设与总分及前中后台运营、运行改革的相互配合。传统系统建立在传统的总分及前中后台的关系中，但是这一套体系无法适应新时期数字化的要求，无法提供企业级的敏捷交付。因此，银行信息系统建设需要银行运营、运行改革的配合，来推动数字化银行整体运行效率的大幅度提升。另外，系统建设、技术应用也为改革提供了技术手段和科技条件。比如，通过图像识别技术和自动验印等技术处理凭证，推动业务的后台化、集中化处理以及前后台业务作业的分离，从而为网点转型创造条件。因此，银行可以通过IT建设深化银行运行体系的变革。

第四，信息系统建设对科技应用、数据智能的支撑。新一轮科技革命成果的应用是当前银行数字化最鲜明的特点。但当前的银行科技赋能，只是初步实现在部分领域的部分产品上，如支付领域的生物识别、智能客服、流程机器人，零售领域的信用评估、预警等。一些业务流程管理系统、管理信息系统更多扮演流程管理线上化、数据简单统计的功能。银行智能化发展还处于初步阶段。利用科技应用全面赋能银行的业务支持、管理、决策、办公，还有很长的路要走。

从以上内容可以看出，当前乃至未来5~10年，中国银行业将经历一场信息系统的升级和重构。其原因在于数字原生银行的构建过程并非是一个简单的业务线上化或者是技术应用的过程，而是服务形态创新、运行机制改革、业务架构重建、技术赋能经营管理的过程。在这一过程中，作为既有银行体系的技术载体，既有信息系统将成为创新、改革、转型、赋能的IT障碍。对信息系统的升级和重构，恰恰是推进银行服务形态创新、运行机制改革、业务架构重建以及技术赋能经营管理的关键力量。

当然，和银行信息化的初期信息系统建设的方法论不同，全面数字化时期的银行信息系统建设必须秉承"一个银行"原则，其原因有三：首先，新时期的信息系统建设要通过统一的技术架构和数据规范，消除部门银行的弊端，解决系统分割、流程断点、数据缺失、数据不可用问题；其次，要从银行整体绩效角度来看待和引导局部数字化、个体信息系统建设，解决局部效率与整体效率相冲突问题；最后，全面数字化时代的数字化不只是前端服务形态的数字化，而是要实现银行整体运行的互联网化，实现银行运行方式的完全数字化，银行全部职能、全部机构都要通过信息系统建设与数字化对接。

可见，"统一""整体""全面"，是"一个银行"的完整内涵，凸显了新时期银行信息系统建设顶层设计的重大意义，突出了信息系统建设的规划性——在整体规划下，根据银行个体战略要求，有侧重、分步骤的全面实施信息系统建设工作。

综上所述，面对全面数字化的要求，中国银行业需要在"一个银行"的框架下，通过技术架构与数据规范的统一、系统功能的整合与重构、系统对创新科技的应用和兼容，以及系统流程的优化，来全面升级银行的信息系统。从而通过服务形态创新、运行机制改革、业务架构重建以及技术赋能经营管理，构建起全新的、数字原生的银行体系——与新时期互联网精神相适应的以客户为中心的服务形态、与全面数字化相适应的业务架构和业务内涵、基于科技赋能的资源配置效率、敏捷高效的银行整体运行。就具体的大类信息系统而言，中国银行业需要解决如下问题。

第一，以业务系统建设推动银行业务架构调整和业务模式进化。要通过新一代核心业务系统建设，改变过去银行系统分割、流程断点、数据不统一问题，建立企业级的系统架构，为实现真正的以客户为中心理念奠定系统和数据基础；要通过系统的组件化、参数化，提高系统的适应性、敏捷性以及产品的快速搭建能力；整合优化交易流程，提高柜面效率，强化操作风险控制，提高业务运营效率；要通过对金融科技的应用，推动业务、流程、数据应用的智能化；要通过业务系统建设，推动银行业务模式创新，构建银行特色业务以及战略性新兴业务快速发展的IT基础。

第二，以科技应用赋能风险与业务流程管理系统。传统上，授信审批系统属于业务流程管理系统。当前，在小微和零售领域，通过简单的规则模型，已经实现了线上自动化审批。但在大型客户领域，更多是通过审批专家来判断。这不仅效率低下，也容易造成银行风控能力过于依赖个人的专业和经验，不利于银行相关能力的沉淀和传承。因此，要通过人工智能和大数据技术的应用，为专家研究、判断提供强大工具，进一步提高专家的信用评估水平，并将专家经验模型化，从而推动传统的流程管理系统向智能化风险防控、智能化授信审批平台转型。与此同时，进一步提高机器学习、深度学习等人工智能技术在小微和零售领域信用评估以及风险防控上的应用。推动授信、审批、风控一体化、智能化的风险管控体系的形成，以及风控对业务流程的全面嵌入。

第三,推动渠道 IT 系统向统一的场景平台转型。通过服务场景化,推动渠道体系向平台体系转型。围绕具体的场景,建立银行与用户的双向交互关系,建立包括客户识别、客户营销、风险防控、产品供给、客户服务一体化的营运体系;完善以线上为主、人工服务与线上服务有机融合的服务体系,构建线上、网点统一的平台系统。以场景经营平台构建、网点转型为契机,推动总分之间、前中后台之间的运行体系变革。

第四,强化职能管理 IT 系统的资源配置功能。推动职能管理信息系统的功能导向从流程管理、事务管理、现状展现,向要素资源的精细化、智能化配置转型。提升财务资源、人力资源、资产负债资源管理的精益化水平和智能化水平。重点建设企业级、智能化、具有战略意义的资产负债管理系统。推动银行资产负债管理从简单组合管理,向多维度、精益化、科学化管理转型。通过资产负债管理系统建设以及金融科技应用,将银行经营特色、战略意图、宏观经济波动、金融市场运行、行业运行、银行风险管理、长期结构管理、短期绩效管理等因素,纳入精益化、智能化、科学化的管理框架,大幅提高银行的资产负债管理水平。

第五,推动智能化的专项服务 IT 系统建设,为员工个体赋能。整合办公、事务、学习、通信等多项功能,为员工提供一体化协作平台。为客户经理提供包括客户沟通、自我管理、工作成效、客户营销等方面的支持,提高客户经理营销客户的质量和效率。打造数据辅助决策产品,为总行管理者、分行管理者、条线管理者提供个性化指标数据作为决策参考。[①] 当前，一些银行已经在上述领域做出积极的探索，但总体来看，相关系统的能力水平和提供的产品仍处于初步阶段。未来如何强化人工智能科技应用，强化系统的智能化水平和相关能力建设，是上述系统建设的进化方向。

构建关键技术应用的服务体系

以人工智能、区块链、云计算、大数据、移动互联网、物联网为代表的科技革命是本轮数字化的原动力。当前，人工智能技术快速发展，区块链技术持续赋能实体经济，已经由存证、溯源、数据共享等向更深层次的数字资产、去中心化身份标识等领域拓展；云计算步入成熟期，公私云界限日趋模糊，业务上云成为共识。大数据赋能核心场景成为产业发展趋势；5G、物联网、AI 的综合应用，为金融创新提供了广阔的空间。对银行科技工作来说，无论是架构调整，还是新一轮信息系统建设升级，都要以新一轮科技应用为基础。而新时期数字的功能能否实现，从根本上说也取决于对新型科技的应用。

不过，技术发展的快速性、多样性也对应用方式提出挑战。首先，技术的底层基础设施和各种中间件技术以及技术本身的复杂性，形成了阻碍技术应用的门槛。其次，每次技术建设都从零

[①] 金磐石. 建设银行数字化经营实践［J］. 陆家嘴，2020（11）.

开始，难度大，成本高，效率低，周期长，无法快速响应客户需求。最后，用户需要协同技术提供方，协同工作复杂，供需沟通协调的交易成本高。

要解决上述问题，关键在于构建一个融合人工智能、区块链、云计算、大数据、移动互联网、物联网等关键技术的技术中台体系。其基本思路就是通过技术的平台化、组件化，封装技术基础能力，向技术人员、业务中台和数据中台的运营人员以及生态合作伙伴等提供高质量的、敏捷化的技术供给，实现基础技术供给的云服务化。具体包括以下几个方面。

第一，平台化。将应用研发所需的技术进行集成、封装，降低技术应用门槛；重点建设人工智能平台、大数据云平台、区块链平台、物联网平台、流程机器人平台等平台；对应用研发、测试、部署、运行、维护提供一站式全生命周期支持（DevOps 解决方案），屏蔽底层存储、计算、网络等基础设施复杂性，根据需要自动调度资源。

第二，组件化。提炼和沉淀各类公共技术功能，形成可独立部署运行的组件，以服务方式对外提供接口访问；促进技术共享，避免重复开发，提高应用交付效率和质量。

第三，云服务化。自助、按需、快速供给技术服务；研发、测试、部署、运行、监控全流程线上化。

第四，通过对技术中台持续运营，不断提升技术中台能力，释放技术中台价值。一方面，技术中台的运营需要维系调动技术中台的能力建设参与者，不断引导将先进技术、可复用能力沉淀在技术中台上；另一方面，技术中台的运营需要维系中台的用户，不断提升用户认知，降低使用门槛，让用户能持续地使用中台能力，快速构建应用，释放业务价值。

当前，构建关键技术的服务体系已经成为领先银行金融科技战略的重要一环。以建设银行为例，其聚焦人工智能、区块链、云计算、大数据、移动互联、物联网和其他前沿技术，封装技术基础能力，推动技术的平台化、组件化以及云服务化。[①] 具体体现在以下几个方面。

第一，在平台化方面，人工智能平台已上线图像识别、视频识别、自然语言处理、知识图谱等六大类18个人工智能组件，覆盖300多个业务场景。大数据云平台实现了数据以服务方式对外发布，支持智慧政务、住房公积金数据平台等重点客户的大数据服务。区块链服务平台应用于福费廷、国内信用证、再保理、房源信息发布、电子证照等多种业务场景。物联网服务平台实现物联终端的统一接入、统一管理、统一控制及数据共享，支持5G+智能银行、智能金库、智能钞箱等应用。

第二，在组件化方面，部署即时通信、视频直播等公共功能组件，共享公共能力。实现用户认证、客户认证、密码服务、数据安全、基础设施安全、安全策略管理等功能组件，提供安全赏析即服务的能力，满足不同应用场景的安全需求。

第三，在云服务化方面，将应用平台和公共功能组件按照云

---

① 金磐石. 建设银行数字化经营实践［J］. 陆家嘴，2020（11）.

服务产品的标准改进，建立具备云安全、云服务、云运维、云运营能力的"建行云"。目前建行云物理节点 26 000＋，云化算力达到 90%，拥有端到端解决方案，提供金融级防护。

建立开放性的银行科技创新生态

新时期的数字化，高度依赖银行科技部门的创造性工作。不过，和以往封闭的银行科技研发体系不同，在新时期的数字化进程中，任何银行都难以完全依靠自身的力量来应对数字化的科技开发挑战。不仅如此，科技工作也不再是单一的科技人员的研发行为，而是通过各种体系化的构建来为科技创新创造最优的条件与环境。因此，建立开放性的银行科技创新生态，也是打造新时期数字化科技基础的关键工作。

开放性的银行创新生态，包括开放的人才体系、开放协同的研究机制与组织协作体系、项目孵化机制与平台、支持创新的项目管理机制、绩效评价与资源配置机制以及 IT 基础设施等内容。其主要策略包括以下几点。

第一，建立开放性的金融科技人才体系。完善金融科技人才画像，开展金融科技人才盘点，重点支持紧缺人才的社会化补充。推动科技、业务、产品等部门人员流动，重点培养复合型科技、业务人才。优化培训机制，推动跟岗培训、实战培训机制常态化。建立科技及数字化人才库。

第二，建立开放协同的研究机制与组织协作体系。建立与科研院所等外部机构的合作关系，构建金融科技创新合作联盟，以强化对关键技术、前沿技术的联合研发。建立外部专家库和外部专家工作机制。建立总分行协同研发体系，完善总分行协同工作机制。

第三，建立项目孵化机制与平台。以内部虚拟创业方式推动银行科技创新，建立内部孵化器，配合以项目的内部投融资体系，建立和完善内部"创业"辅导和服务，建立市场化的利益分配机制。

第四，创新项目管理机制，鼓励业务创新，支持金融科技成果的持续优化。推动灰度发布能力建设，实现业务验证自动化；增强自动化测试能力，扩充自动化测试内容。

第五，完善绩效评价与资源配置机制。完善科技财务管理体系，建立科技财务管理的统一视图，推进项目财务后评估体系建设，实现资源配置的模型化管理。

第六，建设支持创新协同工作的IT平台。构建在线集成研发平台，为总分行开发协同以及银行与外部机构合作提供IT平台支持，提供统一的开发框架，以及自动化、可视化的研发资源和服务。

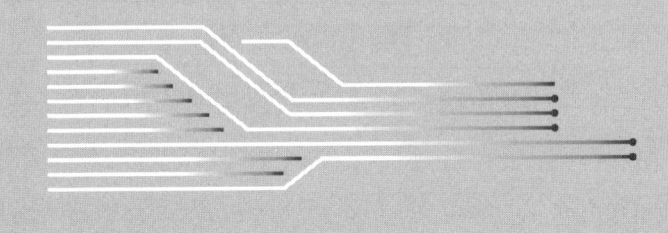

第三部分

以战略性业务数字化深化数字原生银行发展

第七章
以财富管理与养老金融的数字化助力 C 端突围

以财富管理、养老金融进一步完善银行的 C 端触达战略

银行对零售客户（C 端）的触达，被看作银行经营的基础。但在当前，这日益成为一项重大的挑战。由于零售客户不仅是银行重要的资产端客户，也是储蓄存款等低成本资金的来源，对一些银行而言，对零售客户的疏离，意味着对其既有商业模式的重大冲击。从根本上讲，银行的 C 端获客所面临的挑战，来自数字化的冲击。传统上，银行基于开立储蓄账户的优势，通过网点实现与客户的触达。但随着移动支付的快速发展，现金以及生活缴费等高频业务服务的线上化和移动支付化，逐步降低了银行网点高频触达客户的机会。另外，互联网巨头跨界金融，又让银行错失了在小额数字支付领域的主导权，银行的网银和手机银行，也逐步被边缘化。

与既有的商业模式逻辑塌陷相比，银行触达困境真正的影响

在于，如何建构面向未来的商业模式。也正是因为如此，建设银行把从战略上解决上述问题称为"C端突围"，并将其作为打造"第二发展曲线"的重要战略内涵。该行建立了数字化工厂，以孵化、创新数字化业务，推动业务模式和商业模式创新，贯彻"以非金融做金融"理念，重点打造"建行生活"App，进军住房租赁市场，推出住房租赁平台"建融家园"。

然而，落实到实践中并不容易，其原因就在于，银行的行为是一种逆向、可复制化行为。从数字化的本义而言，数据化经营是银行发展的必然方向。与这样的趋势相适应，互联网巨头的跨界行为，也带来了平台化的商业模式，即基于某一高频场景构建起平台和生态的商业模式，而在获取流量和数据的基础上，平台将业务触角自然延伸到金融。对此，银行一般通过几种模式来应对。

第一，推动手机银行业务功能超市化。早期的手机银行就是网银的手机版，主要功能就是查询、转账等。面对银行的获客、活客挑战，各家银行重点扩大手机银行的功能。但超市化的手机银行，其混杂的功能，并不能代替专业化、特色化业务和场景给客户带来的价值。因此，手机银行功能的堆砌并没有改变银行线上C端触达的困境。

第二，建立独立的支付平台。移动支付可以在银行数字化的商业模式构建中扮演关键角色，但由于技术路线切入策略失误、互联网营销思维缺失等多方面的问题，我国多数银行错失了在移动支付领域的主导权和主动权。公众的移动支付消费习惯前期迅速形成，移动支付领域的竞争格局基本保持稳定。在这种情况下，银行作为市场后来者已经很难再有所作为。

第三，将自身服务嵌入第三方非金融场景中。这种模式的逻辑是，银行借助与平台的合作，来实现银行与场景的对接。它跨越了平台的发展阶段，对银行而言，更加简单易行。但它的缺陷是平台可以有效对接的金融机构有限，而某一场景市场中的平台也是有限的，而且其中一些大型平台往往发展自身的金融业务；对银行而言，由于不掌控客户和数据，自主性有限，通过平台进行深度经营受限。不仅如此，尽管一些掌握数据的平台负责风控和客户筛选，但在某种程度上还是银行承接事实上的风险。

第四，跨界自建非金融场景平台。比如，从早期的银行系电商，到现在各行重点推出的生活 App 平台以及特色化平台。很多银行搭建平台往往将利益重心置于金融，试图通过免费等方式聚集商户，但在如何吸引 C 端客户方面往往能力不足。最为关键的是，这些平台进入的领域，多是行业格局已定的成熟市场，进一步分割市场难度极大。而近几年，随着网民的成熟以及流量增量时代的结束，传统的互联网营销手段绩效不断降低，银行复制化营销自然陷入低效陷阱。而作为银行渠道存在的平台体系，尽管具有互联网的外壳，但支撑其运行的仍然是银行既有的庞大而臃肿的"条线—总分"体系，以及与创新创业兼容性较差的组织文化，因此银行的跨界平台普遍难以有科技公司互联网平台的敏捷性和客户体验。

不难看出，无法依托有效商业模式，通过高频交互，实现商机、数据、资金等要素的获取，是银行C端触达困境的根本所在。在某种程度上，当前中国银行业在数字化上遭遇的困惑和焦虑，其实就根源于国内银行并没有在面向C端的数字化的商业模式上完全走通。相对于对公领域的交易性业务系统直联，或者线上供应链、产业链融资模式，银行零售端尚没有找到行业性的普适之路，也难说找到了个体化的特色之路。当然，这里也有金融消费者消费习惯的约束，以及技术发展进程的局限。

客观地说，银行跨界非金融领域，构建非金融场景的平台和生态，难度是比较大的。就专业和本源而言，针对金融本身来建立银行与客户的高频交互关系，可能更适合银行的禀赋特征，或者说金融自场景平台的构建在商业逻辑上要更通顺些。但问题在于，有哪些金融自场景或银行业务既具有高频属性（或者说通过转型可以具备高频属性，如对公业务的线上化、交易银行化），又具有连接客户、资金、数据等基础业务属性，具有推动银行业务架构重构和业务模式创新的战略意义。

这个关键性的业务就是银行财富管理业务。理财是一种相对高频的业务。在账户的价值下降、银行商业逻辑从开户向用户转变后，财富管理是存款账户以及负债业务的拓展和发展。它不仅可以为银行带来客户黏性、资金资源，还可以提供重要的数据资源。而作为中间业务内容，其在资本消耗等方面具有存贷所不具有的优势。最为关键的是，银行作为财富管理市场的重要参与者，其品牌价值、专业优势、渠道和平台优势，使其可以扮演生态的主导者，具有建立高频交互的天然潜力。

事实上，长期以来，很多银行都将财富管理业务看作战略性业务。但是，长期以来银行理财在某种程度上更多作为规避利率管制的工具和突破资金流向管制的通道，是传统银行存贷业务的变体。在这种情况下，银行财富管理难以建立真正的内生发展动力，无法形成独立的、具有核心竞争能力的业务体系，更遑论充当与零售数字化商业模式相对接的关键业务。不过，随着2022年1月"资管新规"的正式实施，净值化时代的到来为银行财富管理业务的战略职能的拓展创造了条件；而随着《个人养老金实施办法》的落地，个人养老金业务进一步丰富了银行财富管理业务的内涵。在此情况下，银行财富管理的业务话术有望从套利转向客户触达，或者说是数字化的关键性的业务和场景。

也正是因为如此，以金融尤其是财富管理作为获客、活客的主要载体，重新在行业内得到重视。以招商银行为例，历经7.0版和8.0版对本地生活的非金融场景的功能强化，招商银行App 9.0版聚焦银行财富管理，重新将金融场景界定为吸引客户的最主要的功能。在此背景下，自2021年以来，招商银行、平安银行、宁波银行纷纷上线财富开放平台。2022年11月，工商银行App联合多家公募基金、银行理财子公司，正式上线财富开放平台"财富号"。

当然，财富管理对于零售数字化商业模式构建的意义，只是银行在数字化过程中C端触达战略的一部分内容。作为全量客户体系下打造数字原生银行的基础，C 端商业模式探索既是重点，也是难点。因此，要通过推动数字化与战略性业务——财富管理的深度结合，进一步构建和完善银行在全面数字化时代的 C 端战略体系。要从战略上对数字化的场景、业务进行梳理、排序，强化资源配置的战略导向，具体包括以下几个方面。

第一，贯彻金融自场景优先战略。不同银行的禀赋与实力差异较大，但对大多数银行而言，要贯彻金融自场景优先于非金融场景的战略。要通过专业化、高效的金融服务来打造数字化时代获客和活客的核心功能。

第二，贯彻财富管理优先战略。不同银行因为个体战略差异，可能选择不同的业务与数字化结合，来构建自身的数字化基础。但相对而言，财富管理业务是构建"场景—平台—生态"商业模式更佳的业务载体。银行要在财富业务优先的基础上，构建起数字化的客户触达的基础业务体系，并重构数字化时代银行零售的业务架构和业务模式。

第三，从全员客户视野构建银行的 C 端战略。由于银行在构建面向 C 端场景平台，尤其是非金融场景平台上存在天然劣势，反而借由 G 端、B 端等非金融场景来迂回触达 C 端（银行的机构属性更适合通过政银合作、银企合作来做 G 端场景和 B 端场景，更多讨论见《平台银行》一书），是更好的选择。因此，银行的 C 端触达战略不能局限于 C 端自身，还要从全员客户的视角加以统筹。

推动财富管理业务与数字化深度融合

财富管理业务与数字化的融合，有助于解决肇始于数字化的银行C端触达挑战。其核心思想在于通过数字化以及金融科技的赋能，提升银行的产品创新能力、风险控制能力以及资产配置能力，提升银行财富管理业务的服务质量与客户体验；以普惠、开放、专业、运营、服务与体验为目标，打造集需求洞察、投研规划、交互陪伴、人机协同于一体的智能财富管理体系。

完善普惠化的客户定位

过去，银行财富管理业务中2%的高价值客户贡献了80%的AUM，其余98%的客户一直处于被"忽视"的状态。[1] 但财富管理业务要承担起C端触达的重任，客户定位的普惠化是必要条件。它是由银行的传统账户优势向银行的客群优势拓展的重要战略。

银行财富管理客户定位从高净值客户到普惠客户的拓展，主要基于两大趋势：一是随着我国居民财富持续增长，以及城市化快速发展的阶段即将结束，居民财富的配置开始发生结构性的调整，房产的财富属性发生新的变化，金融资产在居民财富配置中

---

[1] 银行加速财富管理转型如何凭借数字化抢占竞争制高点［N］．消费日报，2022-06-02．

所占比例越来越高；二是在数字化以及金融科技的赋能和推动下，新时期财富管理可望摆脱对专业财富顾问的依赖，从而使一般只有富裕及高净值客群才可以享受到的财富管理服务，飞入寻常百姓家。财富管理要通过数字化，拓展财富管理的客群边界，并为财富管理业务的增量增长进一步扩展空间。

当前，我国银行业积极推动银行财富管理的普惠化，财富管理正在向大众客群快速下沉。如建设银行正全面推进"普惠、智慧、专业、专注"的大财富管理战略，构建以个人全量资金为核心的财富管理体系；招商银行则欲通过线上效率的提升，在1.78亿户零售客户（其中财富产品持仓客户数4 074.86万户，截至2022年6月末）的基础上，进一步推动零售客户向财富管理客户的转变。①

构建开放的平台和生态

自2021年以来，工商银行、建设银行、中国银行、招商银行、平安银行、宁波银行等众多银行以线上财富平台，构建开放的财富管理生态。通过技术共享、平台服务以及资源合作，打造B端赋能、C端聚合的财富管理体系，为客户提供一站式的金融服务以及内容陪伴服务。这些引入的机构分为两类：一是构建包括理财、基金、保险、私募等合作金融机构的多元金融机构体系；二是在金融集团内部，依托集团金融多牌照的优势，实现银

---

① 财富管理转型银行争夺"战火"胶着［N］.北京商报，2022 – 09 – 05.

行、基金、保险、理财子公司、证券的协同联动,打通集团内部客户信息壁垒,建立集团内部客户资源转介与共享机制。

多元金融机构构成的生态圈可以提供更丰富的金融产品,覆盖客户全生命周期和不同风险偏好,充分满足不同类型客户的资产配置需求。与此同时,更强大的内容生产能力,也将进一步提升平台的黏性。

中国银行手机银行 8.0 版从产品角度入手,打造覆盖多种类型的多层次产品体系,建立开放式财富管理产品货架;中国银行还邀请了 31 家知名产品管理人入驻手机银行 8.0 版,为该行的财富管理客户提供有深度的市场解析和及时策略洞察。[1]

招商银行"招财号"鼓励合作机构为用户生产优质的陪伴内容,并通过强大的数据分析能力、多维度的陪伴内容评估体系,引导它们不断优化陪伴质量;"招财号"鼓励各机构针对购买了不同产品的客户推送定制化筛选后的内容,打造精细化的智能内容分发体系,实现个性化贴心陪伴。[2]

建立以专业为基础的投顾型业务模式

银行在渠道体系、客户规模等方面具有自身的优势,但在客群经营、资产配置以及投研等方面存在初级、粗放的问题。其突

---

[1] 中国银行发布手机银行 8.0 版,构建财富管理开放平台 [EB/OL].2022 - 12 - 23. https://weekly.caixin.com/2022 - 12 - 26/101981978.html?p1.
[2] 招行年报另类解析-从三个小场景看招行大财富数字化 3.0 [EB/OL].2022 - 04 - 18. https://zhuanlan.zhihu.com/p/500720494.

出表现为很多银行，尤其是中小银行，仍采用以产品销售为导向的业务模式。如何从"以自我为中心的产品销售"向"以客户为中心的资产配置"业务模式转型，通过资产配置、产品优选等投顾服务，向客户提供更加个性化、精细化、专业化的高价值服务，是当前银行财富管理转型的关键所在，其有赖于依托科技应用、IT系统建设来建构四方面的专业能力。

第一，千人千面的客户洞察能力。银行机构营销和客群经营模式仍较粗放，缺少适应数学化经营的精细化、个性化的经营管理。在投顾业务模式中，要通过金融科技赋能以及数字化经营，提高对客户的洞察能力，运用大数据，建立多维度的零售客户标签，构建360度全景客户画像，实现对客户投资偏好的全面深度洞察。

第二，产品创新能力。银行财富管理普遍存在产品品类单一、在产品设计上未能结合投资者需求和风险偏好、不能满足不同客户不同人生阶段对金融产品的差异化需求、难以满足客户一站式多元化配置的需求等问题。要加强零售财富和私人银行、资产管理、投资银行、托管的"大财富一体化"运作，丰富产品体系，满足客户的个性化、差异化、多元化的产品需求。强化跨境理财、养老理财、ESG（环境、社会与公司治理）等重点以及特色场景的产品创新。

第三，数字化风控能力。在关注财富管理业务传统风险（比如操作风险、法律风险与声誉风险）的同时，要重点关注数字化带来的欺诈、隐私保护、洗钱、数据安全等新型风险，综合利用风控技术创新和大数据风控手段，提升线上财富管理的风控能力。

第四，投研与资产配置能力。资管新规打破刚兑后，银行的投研能力成为财富管理业务最重要的核心竞争力所在。过去银行的理财资产配置以固收类为主，导致整个行业的投研能力都比较弱，银行要进一步加强权益类资产配置的投研能力建设。同时，加强对人工智能在投研辅助研究中的应用。在强有力的投研基础上，构建银行财富管理的资产配置服务体系。以招商银行为例，2021 年，其推出"TREE 资产配置"服务体系，从客户视角出发，关注客户的长期性、个性化需求。而在招商银行 App11.0 版中，其将客户风险偏好因子及市场研判引入"TREE 资产配置"服务体系，通过模型算法和专家规则，给予客户明确指引。

建立、完善财富陪伴服务的平台运营

强化以财富管理陪伴服务为内容的流量运营，强化银行 App 与客户的交互，提升财富管理的客户黏性，是推动银行财富管理业务与数字化深度融合的重要环节。在这方面，招商银行力求将陪伴做成一个能够服务亿级客户的专业化、有温度的产品化体系，并依托强大的中台体系以及体制机制的变革，打造差异化的服务品牌。

招商银行 App 9.0 版推出了以内容为导向的全旅程"财富陪伴"服务，通过 197 个需求偏好、20 个核心栏位，为用户定向配置全面、客观、有深度的内容资讯及个性化提醒等陪伴内容，帮助客户了解产品表现、市场动态与投资机会。

招商银行 App 11.0 版进一步推动以沉浸式陪伴为目标的服务升级。以陪伴中台为依托,上线功能级陪伴,并以统一标识对陪伴体系进行品牌化展示,进一步增强客户对陪伴服务的感知。针对基金分红、基金经理变更、产品开放、到期赎回、净值波动、收益分析等 40 余个关键事件,构建包含购买陪伴、持仓陪伴、赎回陪伴、收益陪伴等在内的自动化功能级陪伴体系,并相应部署收益锦囊、理财行为等个性化策略 60 余个,以体系化陪伴服务,全面覆盖"售前—售中—售后"的投资全旅程。

同时,招商银行联通了 App、网点客户经理、网络经营服务中心等多重渠道,重点强化陪伴服务的对内共享,即打通陪伴、财富 W+(招商银行内部财富管理经营平台)等平台,将对客户的陪伴共享给客户经理,帮助他们更精准、更贴心地服务客户,实现"同源、同频、同服务"。而对外,招商银行以"招财号"财富开放平台为基础,携手更多优质伙伴打造财富陪伴闭环。

截至 2022 年 12 月,招商银行陪伴服务所覆盖客户的规模已突破 3 000 万;累计服务次数 3 600 万次;有陪伴客户 AUM 的流失率仅为无陪伴客户的 1/4。[1]

建立线上线下融合、有温度的服务

互联网的进化,不只是对人工的简单替代,而是要求数字化

---

[1] 李静瑕. 招商银行 App11.0:一场没有终点的长跑[EB/OL]. 2022 - 12 - 23. https://t.cj.sina.com.cn/articles/view/1233162444/498090cc00101lye9.

带来的自动化、智能化，必须与人的有温度的服务有机融合，以实现财富管理业务运营中，用户与银行之间的双向互动。招商银行通过技术应用以及能力建设，推动人与互联网有机融合，通过数字化对客户经理的赋能，提高财富管理服务效能，让服务更有温度，具体表现在以下方面。

第一，建立融合经营的体系。自2018年启动零售3.0数字化转型以来，基于传统的"分行—网点—客户经理"的三级经营结构，招商银行用金融科技为分行和一线赋能，快速推进线上线下融合经营。建立"城市专区"与"网点线上店"，让分行和网点有了更多与用户进行线上交互的场景和抓手。在客户经理主页"魔咖"，支持客户经理配置个性化名片，一键分享每日财富早报，并推荐精选财富产品，为客户经理线上触达客户、带动一线销售转化提供了有效武器。

第二，推动数字化对客户经理的赋能。招商银行通过客户经理线上服务能力建设，使客户经理通过手机银行App向用户推送订单的成交金额大幅提升。招商银行App 9.0版还做出了更多能力集成，为客户经理提供理财方面的数据决策参考，也可以在理财师平台上协助理财师方便快捷地进行投资组合创设，一键生成交易订单，以二维码或链接形式突破渠道限制，触达更多客户，简化营销步骤，增强互动效果。

第三，利用技术手段，通过线上有人服务来优化和提升互联网服务的客户体验。招商银行App9.0版通过"同屏解说"，实现顾问式专业服务与线上服务的融合。用户在理财过程中遇到的任何问题，均可一键连线客户经理，客户经理通过文字、图片、语音通话等功能，进行一对一顾问在线实时同屏演示讲解。

依托数字化，建立、完善战略性的银行养老金融服务体系

自 2022 年以来，国家密集出台养老金融相关新政：2022 年 4 月，国务院办公厅印发《关于推动个人养老金发展的意见》，明确个人养老金实行个人账户制度；2022 年 5 月，银保监会印发《关于规范和促进商业养老金融业务发展的通知》，提出建立多元发展格局，支持银行保险机构开展个人养老金业务；2022 年 7 月，央行和银保监会联合发布《关于开展特定养老储蓄试点工作的通知》，明确由工商银行、农业银行、中国银行、建设银行四家大型银行在广州、成都、合肥、西安和青岛等五个城市开展养老储蓄试点。个人养老金业务全面启航，标志着银行对养老第三支柱[①]的全面入局。它改变了养老金融在中国银行业经营管理以及转型发展中的战略价值。

传统上，银行养老金融主要是企业年金托管以及作为特定客

[①] 养老三支柱体系是 1994 年世界银行出版的《防止老龄危机——保护老年人及促进增长的政策》中首次提出的养老金制度模式。第一支柱是国家责任的基本养老保险，具有强制性，旨在保障老年人基本生活；第二支柱是企业雇主发起的职业养老金计划，定位是"补充养老"及"雇员福利"；第三支柱是个人或家庭自主自愿安排参与的养老储蓄计划，政府提供税收激励。

群——老年客群的金融服务来存在。从银行战略角度看，过去的养老金融对银行的影响并不具有全局性，一些银行对相关业务的重视主要体现在对公综合服务以及对"银发"金融场景的开拓。但随着个人养老金业务的启航，银行养老金融的客户群体不再局限于企业年金客户以及老年客户，而是全量客户。养老金融的多元化布局，也让其走向技术的专业化以及服务的综合化。不仅如此，随着老龄社会的深化，老年客群比例的增加、老年客群财富的积累、老年客户对银行服务形态的要求，都使养老金融成为影响银行客户触达（尤其是 C 端触达）、资金资源获取、业务经营以及服务形态进化的全局性业务。

从表面上看，老龄化与数字化似乎是矛盾的。但作为未来 5~10 年中国经济社会发展的两大基本特征，老龄化与数字化的融合而非排斥，是无法回避的趋势。通过数字化的全流程、全面的赋能与融合，不仅要将养老金融培育为银行未来 5~10 年的战略性业务，更要将其战略意义从单纯的业务层面，提升到影响客户触达、战略性资源获取以及服务形态进化的全局高度。这样具有全局影响的战略性的养老金融体系构建，有赖于四个方面的工作。

第一，以个人养老金业务为基础，建立、完善银行养老金融的底层能力。个人养老金业务是银行布局养老金融的核心内容，银行要以养老财富管理为基础和核心，打造养老金融的底层能力。强化金融科技赋能，打造线上线下养老规划工具，打通"养老投教—养老规划—资产配置—产品优选—长期陪伴"财富管理链路，为养老客户提供专业化财富管理服务。① 其中有两项能力最为关键，它们是养老金融的能力基础：一是投研、投顾能力，围绕客户养老需求，打造涵盖投资研究、大类资产配置策略、专业选品和投顾服务的一体化的投研、投顾能力，组建专业化的养老投顾团队；二是养老规划能力，通过养老账本、养老规划等专业工具，帮助客户一站式管理名下养老资产，科学规划养老资金和退休生活。②

第二，建立和完善一站式、全生命周期、专业化、多层次的养老金融产品与增值服务体系。围绕养老客户和老年客群两大主线，打造银行养老金融品牌，推动客群触达与业务经营发展，建立和完善包括养老金金融、老年客群金融服务、养老产业金融以及养老增值服务在内的、一站式、全生命周期的养老金融和增值服务体系。打造账户、产品、服务"三位一体"的养老金服务体系。根据老年客群的特点和需求特征，通过有针对性的支付结算、存款、理财、信贷等全链条金融服务，满足老年客群对金融产品和服务的多元化需求（老年客群的金融需求是广义养老金融的重要组成部分，但其金融需求既与养老相关联，又远超养老本身的范畴。事实上，个人养老金的主体投资者是中青年，其客群

---

① 建行系统性构建养老服务体系，积极推进大财富管理战略转型[EB/OL]. 2022-12-20. http://www.zqrb.cn/jrjg/bank/2022-12-20/A1671536243928.html.
② 光大银行副行长齐晔展望养老金融未来：普惠化、数字化、综合化[EB/OL]. 2022-12-22. https://www.21jingji.com/article/20221222/herald/d73d9f670c104eb3f71d000987e2a85d.html.

特点和需求特征与老年客群并不完全一致）。养老产业金融是对公领域的养老金融业务，对应的是养老生态中供给侧——养老机构的批发性金融需求，不仅是具有潜力的对公业务，也是借由B端（对公端）触达C端的重要方式。品质养老需求升级，还促使老年客群对金融服务衍生出了"增值服务"的需求。银行的增值服务主要围绕老年客群的健康管理、精神生活、生活消费三大需求，构建"一站式"综合养老服务体系，如在线问诊、康养课程、兴趣学习班、老年用品商城以及权益等。这些增值服务是银行触达老年客群以及建立客户黏性的手段。

第三，融入场景和生态中。场景和生态，是数字化时代银行服务触达客户、服务客户的基本形态。生态和场景是由线上线下一体化数字化平台链接的。银行养老金融也要充分融入场景和生态中，其有两种形式。一是引进来。把外部合作服务引进来，作为银行金融服务的增值服务而存在，实现银行金融服务与场景服务的融合。例如，中国银行布局银发养老场景生态，为老年客群提供覆盖"医、食、住、行、娱、情、学"的生活服务支持，打造"银发地图""中银老年大学"等场景服务。二是走出去。银行将自身的养老金融服务嵌入养老生态中。养老机构管理、营销与生态聚集的需要，连锁养老机构发展的需要，政府行业管理和补贴发放的需要，以及社区居家养老的社会化服务运营的需要，等等，将加速线上线下一体化养老平台的发展。银行可以生态组织者或者要素供给者等身份加入养老平台的生态之中，为养老机构提供产业金融支持，为老年客群提供综合金融服务，为政府监管和补贴发放等行为提供助力。

第四，在银行整体变革中完善"适老"服务体系。由于客群的特殊性，服务方式的变革一直是养老金融领域的核心问题。对此，银行通过服务体系的差异化策略——"适老化"来解决。比如，针对老年人，手机银行 App 提供更简单易懂的操作界面，打造大字体、屏幕朗读等"适老"功能；打造养老服务特色网点，设置老年客户业务办理 VIP 通道。

不过，随着老龄化程度的持续加深以及银行数字化的快速发展，服务体系差异化也面临着新的挑战。当前，手机银行等客户端几乎可以完全取代银行网点自助机具，银行网点人工服务的主要客群基本上是老年人。个别适老网点及其服务体系并不能满足老年客群的需要。而银行网点服务的自助化和智能化取向，与当前客户老龄化的趋势又是背道而驰。至于线上服务，操作界面的进步仍然难以满足老年人对有温度服务的需求。与此同时，随着人脸识别等技术的发展，银行线上平台已经能够承载几乎全部网点的业务。在这种情况下，线上业务的复杂化，也需要强化线上有人服务对自助服务的辅助。这不仅是针对老年客户，普通客户同样有相关的需求。

因此，在老龄化和数字化不断深化的背景下，银行服务体系亟待进行整体框架的进化。要全面明确网点的对老服务功能，并调整转型方向（当然，网点的对老定位并不排除智能化、数字化，但对老的智能化和数字化只是表现在中后台的流程和处理，前端必须是有人服务）；全面推动线上有人服务与自助服务、人工智能服务的有机融合,而不仅仅是在原有的自助服务框架内开拓老年专区或者老年客群界面。

中国银行业的服务体系亟待从差异化的局部优化向统一化的整体进化转换,在明晰定位的基础上,通过人与互联网的有机融合,推动银行服务的进化,消弭数字鸿沟。

第八章
以科技金融推动银行数字普惠金融的战略升级

科技金融是深化数字普惠金融发展的新阶段和新方向

随着同业竞争的加剧以及监管的强力导向，以小微企业服务为主要内容的普惠金融，已经从个别银行的特色化选择转变为中国银行业共同探索的重要业务领域。不过，由于小微企业融资风险高、缺乏抵质押物、信贷流程标准化程度低、服务成本高、业务效率低、业务派生能力弱等，破解小微企业的金融服务难题仍然是行业面临的重大挑战。在近 20 年的探索与发展中，以银行为主体的中国小微金融大体上经历了以下几个阶段。

第一阶段：线下普惠的探索阶段。在这一阶段，我国银行引进德国 IPC 公司的小微信贷技术，推行新加坡淡马锡公司的信贷工厂模式，引进美国的评分卡，积极探索"圈链"经营模式。IPC 小微信贷技术，是由信贷员负责从前期营销、信用调查、信贷申报到贷后管理全流程的技术体系，重在通过信贷员的多维度考察和交叉验证，自制报表，解决小微企业信用体系不完善的问题。信贷工厂模式，通过将信贷各环节进行分工协作，实施批量化处理，专业化办理。评分卡的引进，推动了小微授信审批的零售化发展。通过"商圈"和"供应链"来管控风险的模式，进一步拓展了中国银行业小微业务发展的视野。总体而言，除了台州地区几家民营银行，在发达的地区和民营经济、本地化经营、明晰的小微细分市场定位、民营银行的体制和文化、长期的战略坚守等诸多因素的综合影响下，造就了闻名全国的小微金融"台州模式"。尽管我国银行对小微金融的探索尚未取得普遍意义上的成功，但这推动了其对新的信贷技术与业务模式的进一步探索。

第二阶段：数字普惠的大数据初步应用阶段。随着金融科技的快速发展，通过大数据、云计算、人工智能等技术来应对小微业务的固有挑战，成为我国银行新的探索方向，并将银行的普惠金融业务推向数字普惠的新阶段。在大数据应用的早期阶段，我国银行着力建立起小微金融业务的数字化经营框架，并推动初步的大数据金融产品创新。以将普惠金融作为自身三大战略之一的建设银行为例，在这一阶段，其主要着力建立以"批量化获客、精准化画像、自动化审批、智能化风控、综合化服务"为内容的"五化"普惠金融服务模式。在这一阶段，一些银行推出一些代表性的大数据产品，如建设银行的"云税贷""云电贷"等产品。这些产品以企业纳税数据和用电数据为基础，为小微企业、个体工商户提供纯信用的线上贷款，贷款全流程只需几分钟即可完成。这些产品通过银行与政府、公共服务机构的合作，实现了批量获客、大数据风控的初步应用以及线上化业务模式。不过，税务、政务、公共数据的初步应用，尚无法使银行建立基于大数据应用的不可复制的差异化竞争能力。从外部政务、公共数据批量获取客户的方式，也无法使银行建立与客户的深层次服务关系。随着众多银行推出同类产品、进入相同的市场，上述产品"优中选优"的业务逻辑，就变得无法维系。因此，初步搭建了数字普惠框架的中国银行业，亟待将数字普惠工作推向获取深度数据、强化与客户深度交互、建立差异化竞争能力的深度经营时代。

第三阶段：数字普惠的生态构建阶段以及线下线上模式融合发展阶段。这一阶段是数字普惠逐步走向深度经营的历史阶段，它有两条主线：一是以国有大行、股份制银行为主体的银行对数字普惠生态化的推动，重在解决银行的持续获客、持续交互以及深度数据经营问题；二是以台州银行、常州银行为代表的特色化普惠模式与数字普惠的融合。近几年，建设银行、民生银行、招商银行等银行，通过自建小微金融 App 或微信小程序等方式，试图建立起小微金融的平台化、生态化经营体系。2018 年 9 月，建设银行推出"惠懂你" App，但彼时，其还是一个纯金融服务平台，主要功能是贷款申请、审批、签约、支用、还款等业务线上自助操作。但随着 2022 年"惠懂你" 3.0 版的推出，其战略内涵发生了重大进化。"惠懂你" 3.0 版通过丰富平台非金融场景，推动平台从"低频、单一融资渠道"向"高频、综合服务平台"进化。它围绕企业的全生命周期，纳入财务管理、物流、法律咨询、进销存管理、代账服务、设立登记、社保登记、公积金缴存等功能。与之相适应，"惠懂你"还建立了"运营与经营一体、研发与运营共享"的专业化平台运营体系。作为聚合建设银行综合金融服务以及社会公共服务的一站式生态型平台，"惠懂你"在赋能企业成长的同时，也强化了引流获客能力，增加了客户黏性。截至2022年年底，"惠懂你"平台访问量达到2.09亿次，企业认证用户897万户，授信客户近200万户，授信金额突破1.6万亿元，①成为建设银行小微业务的超级流量入口，并为数据沉淀和数据的深度经营创造了条件。

与国有大行、全国性股份制银行不断完善数字普惠金融业务体系一样，以线下普惠金融模式为主的一些特色化、优秀中小型银行，也试图通过将线下小微信贷技术与数字化相对接，来突破线下人工模式的产能瓶颈，破解客户线上化带来的获客挑战。作为最早引入IPC技术，以"下户调查、眼见为实、自编报表、交叉检验"十六字经验著称的台州银行，其一方面通过整村授信以及供应链批量授信来提高IPC技术的产能；②另一方面，积极推动"生活圈""生意圈"等生态型平台建设，推动IPC技术与整村授信、"圈链模式"以及数字化生态建设融合发展。

从中国普惠金融的演变历程来看，通过技术和业务模式创新来破解小微金融业务挑战的思路逐步清晰起来。在技术与业务模

---

① 中国建设银行：让普惠金融活水润泽百业千家［N］．人民政协报，2023-03-08．
② 郭春杭．数字经济来袭，涉农信审底层技术迭代［N］．中国经营报，2022-08-06．

式的加持下，通过以数字化为主的深度经营，逐步提升小微金融能力，是我国银行数字普惠金融发展的主要任务。当然，技术和业务模式的明晰化，并没有解决我国数字普惠金融所面临的时代挑战，那就是如何进一步提高普惠金融业务的战略性，强化普惠金融的战略导向。

和过去20年不同，科技创新正代替基建和城市化成为我国经济社会发展的核心动能。"十四五"规划明确提出，到2025年，战略性新兴产业增加值占GDP比重超过17%，全社会研发经费投入年均增长超7%，我国科技事业正发生历史性、整体性、格局性重大变化。[①] 作为经济社会最主要的融资渠道，银行如何通过业务架构重构，来对接上述过程的切换，是其面临的重大课题。而这其中最关键的是，银行如何通过普惠金融业务的战略升级，来支撑科技创新性小微企业的发展。

相对于当前普惠金融业务内容，银行发展科技金融、科创金融，将进一步强化普惠金融的价值创造能力，促进数字化的深度经营，进一步深化与客户的长期合作关系，丰富应对金融脱媒的业务体系和业务功能，深化与资本市场的对接。

当前，随着科创板和北交所的日渐成熟，以及从济南到长三角五市的科创金融试验区的发展，中国银行业深度介入科技金融的战略时机已经成熟。为此，一些银行已经行动起来，如中国银行制定了"科技金融"战略，成立科技金融委员会，发布《中国

---

① 刘连舸. 谱写金融服务科技创新新篇章［J］. 瞭望，2022（9）.

银行"十四五"科技金融规划》和《中国银行科技金融行动方案》。"十四五"期间，中国银行计划在科创领域提供综合性金融支持2万亿元。针对大量科创型中小微企业，建设银行通过创新专利、专利权质押等方式，打造"技术流"信用评价体系，并与政府、企业等多方携手建立完善"创业者港湾"服务模式。数据显示，截至2022年年末，建设银行科技贷款余额1.23万亿元。上海农商银行出台《上海农商银行科技金融发展三年行动计划》。浙商银行推出"星火计划"科创金融专项服务行动，面向"专精特新"等科创型企业推出《全生命周期综合金融服务方案》。

以数字化为依托，赋予科技金融以新动能

尽管科技金融在近几年重新跃入众多银行的战略视野，但国内银行对科技金融的探索并不是新近才开始的。自2009年1月成都设立全国首批两家科技支行以来，截至2022年年末，我国银行业已设立了200余家科技支行，科技支行成为我国科技银行的主要组织形式。与此同时，国内还设立了一家专门的科技金融法人银行——中外合作的浦发硅谷银行。在这其中，一些银行积极探索立足本地环境的科技金融模式。如杭州银行，2009年成立了专门服务科技型中小企业的科技支行，2016年又成立了科技文创金融事业部，其对科技支行实行单独的客户准入标准、信贷审批授权、信贷风险容忍政策、业务协同政策和专项拨备政策等管营分离的"五个单独"体系；形成了对客户评估"两头兼顾"、重大项目联合评审、专职审批、团队制管理模式、"专注与专业并举"的风险管理的"五大特色"模式；形成了政府、监管、创业风险投资机构、担保、高新区管理部门"五方联动"的运营模式。① 2009 年 9 月，汉口银行挂牌成立了湖北省第一家专业科技支行——光谷支行，并探索了聚合政府、风投、担保、保险、中介服务等各类金融服务资源的一站式科技金融服务模式。

长期以来，我国在科技银行的探索和发展中，重点学习和借鉴美国硅谷银行的发展。1993 年以来，硅谷银行将自身定位于服务科创企业及 VC/PE 机构，并成长为全球最成功的科技金融服务机构，为接近 50% 的美国风投支持的科技和医疗保健创业公司提供服务，也为上千只基金提供资金托管服务。② 硅谷银行的业务模式和风控逻辑可以归结为以下几个方面。③

第一，通过合作、入股等方式，深化与创投机构合作。硅谷银行是数百家风投机构的合伙人，对各家机构的投资风格和业绩非常了解。硅谷银行还规定其贷款客户必须接受过风投机构投资。通过"先投后贷"模式，充分利用创投机构在创投领域项目评估以及风险管理的专业能力。

第二，成立高科技行业专家团队，提供专业的技术咨询和价

---

① 朱翀. 商业银行科技金融创新方向探索［J］. 浙江金融，2016（3）.
② 王永利. 硅谷银行倒闭的根源与影响［EB/OL］. 2023 - 03 - 17. https://mp.weixin.qq.com/s/eAdN0HHI66esw3fxPHQKRQ.
③ 丁雨婷. 硅谷集团科技金融发展模式借鉴［J］. 杭州金融研修学院学报，2019（10）.

值评估服务。通过长期服务于科创企业所累积的专业经验，为贷款决策提供强有力支撑，同时也提高议价能力和风险判断能力。

第三，通过"贷款+直接股权投资""贷款+认股期权""贷款+与风投机构合作进行间接投资"等投贷联动模式，通过超额收益来覆盖科技金融的风险。

第四，推出专利权质押产品。硅谷银行开发了专利权质押贷款业务。由于思科、谷歌等美国巨头经常收购中小企业的知识产权，专利权具有良好的流动性。硅谷银行可将质押的专利权出售，凭借优先受偿权弥补损失。

尽管我国银行在机构专营、外部机构合作以及产品创新方面积极借鉴硅谷银行的经验，但在业务模式和风控逻辑上，两者存在较大的差异。中国科技银行更偏重建立后期风险补偿机制，通常是与当地政府和担保公司等机构进行合作，来共担风险。[①] 这反映了中国科技银行对科技企业风险的前期控制能力不足的现实。究其原因，有如下方面。

第一，科技金融业务需要专业和专注，需要对特定行业和产业长期深耕，需要培养专门的人才队伍，既需要外部专家，也需要兼具科技和金融知识的复合型内部人才，但我国银行的科技金融业务发展时间短、战略层次不高，尚达不到这个水准。

第二，科技金融业务需要发达的创业投资市场，需要长期积

---

① 任春玲. 我国科技银行发展的现存问题及对策建议［J］. 长春金融高等专科学校学报，2016（12）.

淀的创投技术和文化，能够在合作中为银行的业务开展提供技术和能力支持。过去 30 年，我国快速崛起为世界第二大 PE/VC 市场，2021 年，国内 PE 和 VC 投融资总额一度同比涨超 50%，增长强劲。但投资的专业性、投后管理能力还需要进一步积淀和发展。而 PE/VC 机构背后的 LP 主要是以促进科技企业股权融资的政府引导基金为主，投资还有待进一步向风险较高的早期延伸。

第三，新一轮国务院机构改革将国家知识产权局由国家市场监督管理总局管理的国家局，调整为国务院直属机构，进一步提高了知识产权在未来的战略地位。但知识产权市场的发展和完善是一个渐进过程，现实中，知识产权的流转和变现仍然存在困难，这阻碍了知识产权作为科创企业融资抵质押物的功能实现。

由于我国银行的科技金融业务缺乏科技行业的相应经验积累，以及科技生态尚在成长完善中，导致其项目筛选能力有限，风险管控能力不足；过度依赖政府政策支持，产品创新能力不足，依然偏好低风险类企业或项目，对创业早期的小微企业支持不够。在这种情况下，我国科技银行无法完全复制硅谷银行的业务模式和风控逻辑。我国科技银行需要在国家经济动能快速转向科技创新的背景下，在体制改革的支持下，通过与创业投资市场、资本市场、知识产权市场等科技生态同步成长，来培育自身的科技金融服务能力，找到适合自身的业务模式和风控逻辑。而这其中，通过数字化来推动业务模式和风控逻辑创新，就是一个重要发展路径。科技银行在打造专业、专注的经营体系基础上，重点可以通过数字化实现如下几点创新。

第一，通过数字化，自建或接入第三方场景平台，利用第三方交易平台（如知识产权交易平台）或公共服务数据（如专利登记数据），实现客户的批量获取。

第二，通过构建科创企业数据库，重点包括行业及产业链研究数据、科技企业认证、科创能力证明、知识产权行业标准、创业团队背景等数据信息，建立大数据评价体系，通过模型对科创企业成长性进行评价，构建对科创企业的评价和估值能力的数字化工具，推动客户的分层分类经营。

第三，通过建立创业投资机构（PE/VC）数据库，建立多维创业投资机构的评价体系，根据其相应投资风格、投资绩效等指标筛选和完善科技银行的合作机构体系，深化银行与创业投资机构的合作关系，提高投贷联动的合作绩效，强化合作投资机构在项目评估、项目筛选以及项目风险管理中的合作价值。

第四，建立行业研究、机构合作的数字化共享平台，通过数据库建设和研究工具供给，为银行科技金融的行业研究以及银行与外部专家、机构的合作赋能。

第五，建立线上线下一体化的科创企业孵化平台，聚集政府、公共服务机构、金融机构等生态要素，通过数字化平台的连接，为科创企业提供一站式、生态化的服务。

构建深度陪伴、生态化、专业化的科技金融经营体系

科技金融具有自身的独特性，银行不仅要改变传统金融服务的思路，也要进一步升级既有的普惠金融服务体系，建立与科技金融业务范畴、服务特性、银企关系以及风险特征相适应的经营体系。建立与科技企业，尤其是科创型小微企业的深度陪伴关系，为科技企业，尤其是科创型小微企业提供生态化、全生命周期的综合化金融服务。推动银行普惠金融战略从关注机构当期盈利向关注成长性转变，让银行致力于成为科技金融的全要素整合者和全周期服务者，具体包括以下几个方面。

第一，建立专业化、专营性组织体系和人才队伍。探索建立涵盖公司、投行、资本市场、授信评审、风险管理、数据管理、金融科技等多职能的科技金融事业部，建立科技金融特色网点。建立专业化的科技金融行业研究队伍，加大对集成电路、生物医药、新能源、新材料、人工智能等高技术领域的研究投入，提升金融支持科创企业的专业化水平。建立常态化的外部专家合作机制和外部专家团队，建立与知识产权等专业评估机构的合作关系。

第二，建立清晰的区域策略与行业定位。要根据产业发展特点、地区经济特征、国家政策以及自身禀赋，制定清晰的区域、行业以及客户战略。以中国银行为例，其以京津冀、长三角、粤港澳大湾区等为核心，辐射成渝地区双城经济圈和中西部国家中心城市，持续加大资源投入和机制倾斜力度；重点关注高端制造、低碳能源、高新材料、新一代信息技术等战略性、关键性行业领域；持续加大对高新技术企业、"专精特新"中小企业、国家技术创新示范企业、制造业单项冠军等企业的支持力度。

第三，建立"投贷联动"的业务体系和全生命周期的产品体系。联合地方政府、国有企业、社会资本等，设立科技创新股权投资基金。推动商业银行理财资金通过接续发行方式长期配置科创基金；推动银行自有资金投向科创基金。深化投贷联动业务发展，探索"信用贷款+期权选择权"业务试点。

优化银行的风险偏好，依托知识产权抵质押、科技创新人才能力评价以及来自各级政府补偿基金、担保公司、保险公司等合作机构的风险分担机制，建立科创企业的全生命周期的产品体系，系统性精准适配科创企业在不同发展阶段的不同金融需求。[①] 为企业创立、技术研发、成果转化、营销发展等各个阶段推出相应的科技创业贷款、科技研发贷款、科技转化贷款等专属信贷产品。为科技人才提供专属个人经营贷款产品。搭建科技金融投融资一体化理财平台，为科技企业提供员工持股计划、股票质押融资、私募股权等服务，满足客户定制化需求。

第四，建立完善科技金融的服务生态。一是建立身边化的服务。建设银行运用数字化经营工具，建立全面的科技贷款业务数据监测，在企业网银、官方网站等渠道搭建科技创新企业服务专区，开发"科企GPS"工具，上线科技企业信息360工具等。二是搭建科技创新"生态圈"。中国银行正在着力融入和共建各地创新开放平台，充分连接政府机构、高校、科研院所、创投机构、产业园区和科技公司等外部机构，通过合作伙伴的应用场景

[①] 董兴荣，姚顺意．浙商银行李文举：为科创企业提供全流程、顾问式综合金融服务［EB/OL］．2023-03-06．https://www.treasurychina.com/post/12156.html．

获取数据和客户，为客户提供一站式金融和非金融服务，助力打造各类主体相互协同的创新联合体。三是打造科创小微企业的孵化平台和服务体系。建设银行于2019年推出"创业者港湾"，联合知名创投机构、政府机构、科研院校、孵化机构，在路演活动、政策宣讲、产业对接等方面加大对中小科创企业的支持。具体做法有：与创投机构、核心企业共同筛选项目，邀请高校专家学者参与项目评判，并通过合作平台批量获客，从源头上保障客户质量；推出线上线下融合服务体系，打造旗舰店、联盟店、服务点三大服务模式，为中小微创新创业企业提供24小时的全方位创新创业服务；邀请优秀创始人、著名经济学者和创投机构创始人在愚公学院"创课堂"为创业者分享经验；为科创企业提供开放式、多元化、共享型办公场地。截至2022年年末，"创业者港湾"已推广至25个省市，为2.3万家"入湾"企业提供信贷支持近420亿元。

第五，完善科技金融的信贷管理、资产负债管理以及人力资源管理的体制机制。建立科创企业的专属信审流程，构建差异化风控体系。从内转价格、定价授权、经济资本占用、信贷资源等方面对科技金融进行倾斜，提升精细化服务能力。建立和完善有针对性的、差异化的尽职尽责和考评机制。

建立以大数据为依托的科技金融获客模式与科技企业评价方式

数字化赋能科技金融的关键领域在于实现客户的批量获取，

以及建立依托大数据的评价方式。在这一领域，建设银行进行了积极探索。2017年，建设银行广东省分行首次将"科技创新"作为企业的核心资源要素纳入信用评价，突破了依托资产负债表、利润表、现金流量表"三张表"的评价体系，为商业银行提供了"第四张表"——科技创新表——"技术流"专属评价体系。2021年10月，建设银行印发《科技企业创新能力评价体系全行应用推广方案》，开始将"科创评价"在全行推广。

建设银行"技术流"评价体系既是一套科技金融的方法论体系和数字化工具，也是科技金融在数字技术赋能下的业务模式创新。[1] 具体体现在以下方面。

思想基础。建设银行"技术流"评价体系具有自身的思想逻辑。其认为，知识产权不仅是押品，是企业的资产，还是科技企业开展创新活动的行为大数据。它反映了企业的创新禀赋、实力乃至态度。更为重要的是，知识产权是官方确认的可以信赖的可靠数据。因此，以知识产权为底层数据，通过量化、自动化的方式，银行可以对科技企业创新能力进行精准画像。

主要应用。一是精细化客户分层。根据"技术流"科技创新成果净含量这一核心指标，对高新技术企业实施分层，共10个等级。二是差别化准入。根据不同等级，分为重点支持类、优先支持类、选择支持类、一般客户等客户类别，并贯彻差别性的营

---

[1] 中国建设银行科技金融创新中心. 科技金融与技术流评价体系[M]. 广州：南方日报出版社，2021.

销策略。三是差别化授信。四是创新线上产品。依托"技术流"评价体系,推出知识产权大数据线上信用融资产品。五是贷后管理。将"技术流"指标纳入贷后监控内容,根据指标变化情况采取相应的风控措施。

评价体系。建设银行的"技术流"评价体系包括五大维度、10 余个量化指标。五大维度分别是:第一,科技创新成果总含量,指企业所获得的知识产权成果的量化加总,其处理方式是将不同企业拥有的不同专利统一单位进行对比和量化分析;第二,科技创新成果净含量,将企业申请高新技术企业资格当年的实用新型、软件著作权、全部外观设计等因素剔除(原因在于申请当年,恐有突击申请一些技术含量不高的专利的情况),计算具有实质成效的科技创新成果总量;第三,发明专利密集度,指技术含量最高的发明专利在全部专利中的占比;第四,研发投入稳定性,通过衡量企业不同阶段科技创新成果含量增减变化,评估企业研发的稳定性;第五,科技创新早慧度,通过衡量企业对科技创新进行提早布局的程度或申请发明专利意识的早熟程度,用于识别成立年限较短的、研发投入和科技创新能力较强的初创科技企业。

数字化与平台化。为了促进"技术流"评价体系的应用,建设银行建立起全行性的 IT 系统,使之成为企业级的数字化工具。通过批量获取国家各部委发布的 10 余类科技企业名录信息,以及 400 余项、1 600 多万条知识产权信息,建设银行从海量数据中挖掘企业持续创新能力。运用大数据、智能决策、数据可视化等技术手段自动生成评价结果。到 2022 年年初，评价结果已覆盖全国 27.7 万户国家高新技术企业，[①] 并向基层行主动推送。客户经理在电脑、手机 App 或微信企业号上能一键查询到评价结果。

需要指出的是，建设银行所推出的"技术流"评价体系并不是要摒弃既有的评价体系，而是相互辅助。"技术流"评价体系要与经营团队的"能力流"、企业的"资金流"、政府的"政策流"一起，构建科技企业"多流合一"的综合评价体系，再配以细分的行业评价分析，以提升科技金融评价的科学性、针对性以及有效性。

"科创评价"完善了以财务评价为主的传统评价模式，提升了科技金融信贷管理的精细化水平，提高了银行科技金融的适配性。不仅如此，"科创评价"及其应用的数字化，还改变了科技金融的获客模式，将业务模式由一对一服务单个科技企业，向批量获客、生态化经营转变。

建立和完善适应宏观周期与科创周期的资产负债管理

前文中，我们详细探讨了美国硅谷银行科技金融的业务模式和风控逻辑。不过，遗憾的是，作为我国科技银行长期学习的榜样，硅谷银行却于 2023 年 3 月轰然倒塌了：2023 年 3 月 10 日，美国联邦存款保险公司（FDIC）接管了硅谷银行。作为科技金融

---

① 王仁贵. 金融助力科创的建行探索［J］. 瞭望，2022（1）.

领域的标杆银行，尽管规模不大（2022年年末总资产为2 117.93亿美元，在美国银行业排第16位），硅谷银行的倒闭还是震惊了业界。那么，这是否意味着硅谷银行的科技金融模式失败了？它对于我国的科技银行有何启示呢？厘清硅谷银行倒闭的来龙去脉，有助于我们理解上述问题。

硅谷银行的倒闭主要经历以下几个阶段：一是2020年下半年，美联储大幅降息并启动量化宽松计划，致使科创企业在硅谷银行的存款规模从760亿美元飙升至1 900亿美元；二是硅谷银行将极度宽裕的可投资金配置到美国国债和按揭抵押债券（MBS）；三是自2022年以来，美联储持续加息，科创企业的融资环境恶化，致使硅谷银行的存款快速流出；四是在没有预留出充足的流动性储备以及出售债券将造成资本充足率下降的情况下，硅谷银行发布公告，试图通过抛售债券解决活期存款持续流出的问题，并通过增资扩股方式补充资本；五是筹资公告引发市场恐慌，硅谷银行的股价大跌60%；六是科创企业把存款从硅谷银行转移出去，硅谷银行陷入挤兑。①

在上述进程中，存款人率先遭遇流动性冲击，不得不从硅谷银行大量提取存款，从而迫使硅谷银行不得不提前处置资产，这一点是理解其倒闭的钥匙。对此，中国银行前副行长王永利做了解读。他认为，在几天内接连倒闭的银行，包括银门银行（Siler-

---

① 招商银行研究院 资产负债管理部. 硅谷银行倒闭的复盘、反思与启示[EB/OL]. 2023-03-13. https://caifuhao.eastmoney.com/news/20230314152807742129140.

gate Bank)、硅谷银行、签字银行（Signature Bank），它们最大的共同点都是加密资产和风投机构的友好银行。因此，该次危机本质上是以加密货币、区块链、NFT、Web3.0、元宇宙为代表的科技泡沫危机，尤其是加密货币危机。他认为，伴随着美联储大幅降息并推出量化宽松货币政策，加密货币、区块链、金融科技、加密资产交易以及稳定币、NFT、Web3.0、元宇宙等新概念、新风口不断涌现，吸引了大量资本和人才流入，并形成新的数字加密和虚拟现实领域的科技泡沫。但当2022年3月美联储大幅加息后，加密货币泡沫受到冲击。很多加密货币或稳定币发行商、贷款机构、投资机构和交易平台等纷纷陷入流动性困境，硅谷的科技公司股价大跌，普遍遭遇融资困境，很多风投公司也遭受重大损失。在此背景下，硅谷银行的存款大量流出。

当然，科技泡沫及其创投领域的流动性困境，只是硅谷银行倒闭的背景和外因，而内因则是其流动性危机背后的资产负债管理出了问题：一是硅谷银行总资产中主营业务只占27.6%，远少于证券投资，大量的债券投资严重扭曲了其资产结构；二是硅谷银行只有公司存款业务，其中活期存款和其他交易类账户存款占存款总额的76.72%，面对不稳定的负债结构，其既没有进行负债端的有效管理，同时备付金准备也不足；三是在债券的配置中，硅谷银行基本没有有意识的流动性安排，没有对美联储加息周期采取适当的利率管理措施，有效对冲利率风险；四是对通过出售证券补充流动性所造成的资本充足率影响准备不足。①

从以上分析不难看出，硅谷银行的倒闭，并非来自其科技金融主业——对科创企业以及创投机构贷款，而是来自其在流动性周期中的资产负债管理冲击。这也给我们提出一个重要命题，那就是作为定位于特定客户、特定行业、特定属性的金融业务，科技金融的风险防控不仅需要微观风控技术以及特定业务模式来实现，还需要偏中观的资产负债管理体系及其策略与之相适应，它是银行科技金融体系的重要一环。

当然，相对于一般意义的、微观性的资产负债管理，科技金融的资产负债管理更有其特定的含义。这要求我们从更宏观的视角来理解资产负债管理的意义，在跨周期背景下建立和完善科技金融的资产负债管理。而这主要源于科技金融固有的周期性与波动性，具体而言：第一，其具有小微特征，抵御周期性波动的能力弱；第二，其具有投资特性，在经济周期中，弹性和波动性最大的就是投资；第三，其具有科技属性，科创企业短期并不以盈利为目的，但流动性是其生命线，流动性的高波动性是科技金融的重要特点；第四，其具有行业属性，不同的科技领域还受到行业周期的影响。

因此，科技金融具有更强的周期性和波动性，其受到经济周期、流动性周期以及科创周期的影响更为深刻。这种周期性将对以

---

① 刘晓春. 硅谷银行危机对我国中小银行资产负债管理的启示［EB/OL］. 2023 – 03 – 14. https://baijiahao. baidu. com/s?id = 1760335618314072650&wfr = spider&for = pc.

科技金融业务占比较高的银行造成重大影响，具有更大的破坏力。

从这个意义上讲，硅谷银行所受到的灾难性的资产负债经营冲击，不仅需要银行短期资产负债经营来应对，在某种程度上，更应该从跨周期资产负债管理的宏观视角，从战略和策略上未雨绸缪，具体包括以下几个方面。

第一，研究基于自身商业模式，包括客户结构、业务结构、行业结构，所具有的资产负债管理的周期性规律，制定资产负债跨周期管理的原则、战略和策略。根据经济周期、流动性周期、产业周期等因素，制定周期性的资产负债结构与增速原则，制定周期性的信用风险、流动性风险、利率风险管理策略，并由此优化客户战略、业务战略以及产业战略。

第二，把握周期性规律以及历史节点，明晰自身客户结构、业务结构、行业结构在本阶段所面对的具体挑战，并配置以相应的资产负债管理原则、战略与策略。对资产负债管理进行充分预判和及时调整，保持对资产负债错配风险的动态监测及前瞻管理。

第三，用好情景压力测试，要保持对市场因子变化的敏感性，充分运用压力测试、情景模拟等手段，前瞻检视错配风险大小，及时敏锐调整资产负债结构安排，在错配风险与收益目标间动态合理地取得平衡。

第四，平衡短期绩效和长期绩效。聚焦自身的能力边界与经营特色，拒绝短期业绩诱惑，要从周期的视角审视短期业务发展以及资产负债管理策略，平衡短期绩效与长期绩效的关系，实现银行长期平稳发展。

第九章
以数字化重塑农村金融格局

农村金融既有格局打破，非传统机构的服务下沉

2017年10月18日，十九大报告提出实施乡村振兴战略。在此背景下，自2019年以来，政策持续引导国有大行下沉服务重心。2021年6月4日，《金融机构服务乡村振兴考核评估办法》重磅出台，这意味着农村金融战略已经不再是我国广大银行机构（包括传统上的城市金融机构——股份制银行和城市商业银行）的或选题。不仅如此，基建、房地产、能源重化等大行业、大企业金融增速逐步放缓以及城市金融竞争加剧，也促使传统的以城市金融为特色的银行开始将农村金融纳入自身的战略体系。

工商银行将金融支持乡村振兴作为"一把手"工程，制定城乡联动发展战略，并将其纳入全行四大发展战略，推出乡村振兴统一服务品牌"工银兴农通"。建设银行早在2019年就成立了乡村振兴金融部，并在其三大战略之一的普惠金融框架下积极拓展

农村金融市场。在股份制银行中，光大银行于2021年11月推出乡村振兴综合金融服务方案，率先在股份制商业银行中，总分行层面均成立了乡村振兴金融部。兴业银行出台《兴业银行全面推进金融服务乡村振兴开拓战略发展新空间的实施方案》，成立由"一把手"挂帅的"金融扶贫成果巩固与乡村振兴工作领导小组"，设立一级部门乡村振兴部。中原银行等城市商业银行也设置了专门的乡村振兴金融部，将金融服务乡村振兴提升到新的高度。作为民营互联网银行的代表，网商银行逐步走出阿里生态，积极探索民营互联网银行在乡村的普惠之路。

众多主体对农村金融的介入，有力推动了相关业务的增长。2022年年末，本外币涉农贷款余额49.25万亿元，同比增速14%，创下近年新高，领先金融机构人民币各项贷款余额同比增速2.9个百分点，金融服务乡村振兴力度持续加大（见图9-1）。

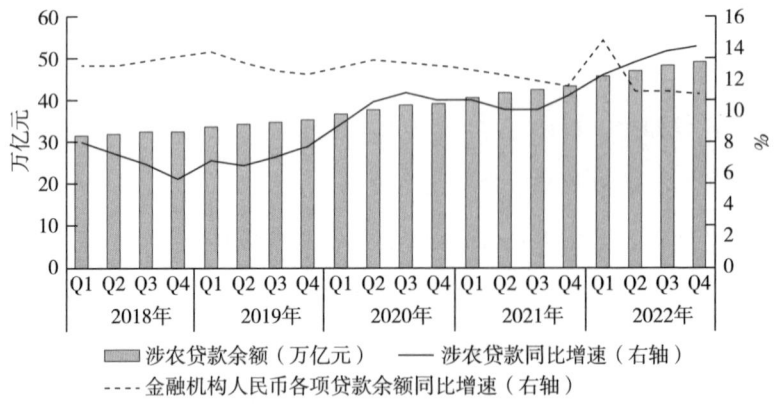

图9-1 2018—2022年本外币涉农贷款余额变化趋势
资料来源：中国人民银行。

从下沉的情形来看，经过几年的探索，大型银行已经初步建立起与乡村振兴相适应的农村金融经营体系和业务发展思路。传统上，渠道网点是大型银行竞争力的重要基础。因此，大型银行下沉乡村，基本思想仍然是以获客为中心，强化银行服务对客户的触达。不过，与传统的网点经营模式不同，新时期大型银行下沉乡村主要采取的是线上线下相融合的模式。以工商银行为例，其在大数据平台、物联网、区块链等技术和系统支持下，构建了完整的经营体系，具体包括以下几个方面。[①]

第一，通过银政合作，建立获取客户、数据、资源的场景生态。推出"数字乡村"综合服务平台。面向县（乡、村）提供"政务、财务、村务、党务、金融"五位一体的"数字乡村"综合服务平台，打造全场景"一站式"数字化线上服务，实现银行综合金融服务与村集体日常管理有机结合。针对国家现代农业产业园和农业产业强镇各类涉农经营主体，搭建"兴农撮合"服务平台，提供"平台+撮合+金融"服务模式。工商银行还与农业农村部合作建设优势特色产业集群管理信息平台，面向已获批国家优势特色产业的集群及实施主体，对产业集群项目状况进行数字化管理及动态化跟踪。

第二，以数字化为依托，推进产品与业务模式创新。推出面向农村市场的借记卡"福农卡"和"兴农通"信用卡，并推出属地特色专属存款、投资理财产品。以"智慧大脑"为产品和营销

---

① 张文武．深入探索乡村振兴数字化发展新路径［J］．现代商业银行，2022（10）．

策略中枢，结合涉农客户画像特点，将适合的服务与产品精准触达客户，充分满足客户差异化的金融需求。构建"整村授信"融资场景，通过驻村干部线上化收集村集体、农户信息，并依托智能模型进行授信额度评定，打造以行政村为核心、批量化拓展乡村客群的发展模式。与大型食品、饲料、养殖类等农业产业核心企业对接，建设涉农产业链 1 000 余条。创新推出"e 链快贷"产品，基于产业链贸易流、物流、资金流等多维数据，为链上农户提供融资支持。

第三，建立完善线上线下一体化的农村金融服务体系。构建线上线下联动的多层次、立体化服务格局，延伸服务半径。围绕农村客户需求，打造服务三农的专属 App"工银兴农通"，构建"民生、代理、村务、撮合"四位一体的线上综合化服务体系。同时，打造"云网点"，将以前需在网点"面对面"办理的业务转换为"屏对屏"办理，构建"业务云办理、急事屏对屏、沟通全天候、服务一体化"的多元化服务场景。在全行网点较少的背景下，增设县域网点，优化农村网点布局。在贵州、山西、重庆等多地与当地村委会、供销社、电信运营商等合作，联合建设和运营农村普惠金融服务点，通过"服务点+使者"模式，打造线下农村金融服务新触点。

与工商银行一样，建设银行也构建了以平台为核心的农村金融客户触达体系（见图 9-2）。上述体系与模式，规避了工商银行等大行作为非传统农村金融机构在农村金融市场上的网点与人员劣势，并试图以数字化和金融科技来破解农村金融的风险与成

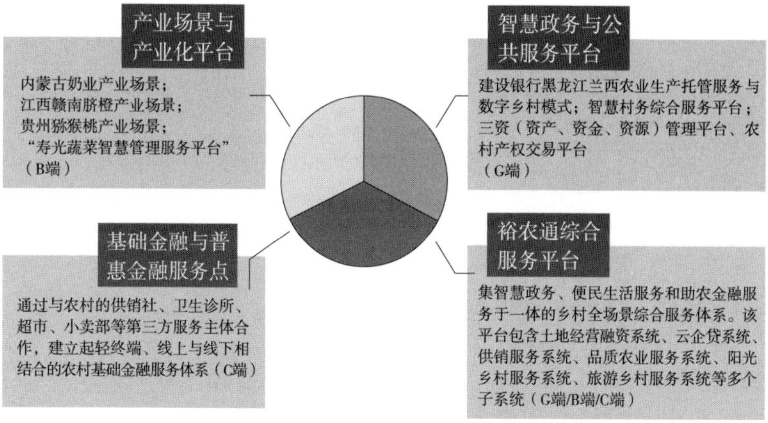

图9-2　建设银行以平台为核心的农村金融触达体系

本挑战，加速了工商银行等银行对农村金融市场的下沉，并对我国农村金融的既有格局产生冲击。

传统上我国农村金融是一个分层的、各司其职的分工格局。农村金融服务主体包括大型银行（包括邮政储蓄银行）、农商行、农信社、村镇银行、小贷公司、资金互助社等机构。长期以来，受风险和成本经营环境影响，我国农村金融在区域、客户、业务分布上主要集中于狭小的领域，并形成了各类机构的分层经营格局。大型银行在县域市场占据主导地位，农商行、农信社、村镇银行是县以下金融服务主体。大型银行侧重于政府客户、龙头企业、基础设施建设贷款等领域，而农商行、农信社、村镇银行则在"县城以下、普通农户、农业生产"等领域占据主导地位。资金转移成为农村金融机构获取收益的重要方法和途径，存款竞争是农村金融竞争的核心。

但大量非传统农村金融机构，尤其是大型银行的涌入和下沉，致使既有的分层格局不复存在，传统农村金融机构面临着非传统农村金融机构的直接竞争。各种机构都在竞争以及战略、经营的调整中重新找寻自身的位置，而基础金融服务和存款等领域的竞争，将更加激烈。

传统农村银行机构的应对与调整

从大型银行的角度看，当前农村涉农贷款的主要供给者是农业银行、工商银行、建设银行、邮政储蓄银行及中国银行（见图9-3），其中，农业银行和邮政储蓄银行是传统的农村金融服务者。作为脱胎于服务"三农"专业银行的农业银行，县域业务是其独特的竞争优势，其将打造服务乡村振兴的领军银行，作为自身深化农村金融发展的战略目标。农业银行年报显示，2021年，全行县域金融业务实现营业收入2 937.44亿元，同比增

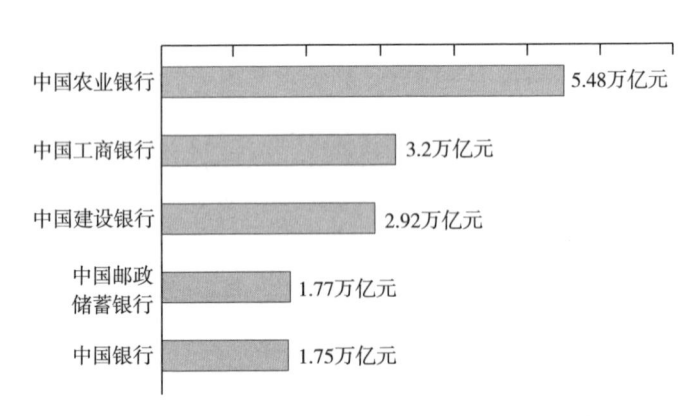

银行	涉农贷款余额
中国农业银行	5.48万亿元
中国工商银行	3.2万亿元
中国建设银行	2.92万亿元
中国邮政储蓄银行	1.77万亿元
中国银行	1.75万亿元

图9-3　2022年前三季度部分银行涉农贷款余额
资料来源：各行公告。

长 12.68%，占营收的比重由 2020 年的 39.6% 上升至 40.8%。2021 年年末全行的县域贷款达到 6.2 万亿元，增速为 17.2%，高于全行贷款平均增速 4 个百分点，余额占全行贷款比例达 36%，是无可争议的县域业务格局的领先银行。

面对农村金融既有格局的打破，农业银行主要从两个方面来强化自身在县域金融的领先优势。①

第一，推动大财富管理业务快速发展。农村基础金融业务以及存款业务构筑了农村金融机构的核心竞争优势（2021 年，农业银行县域新增存款占比达到 43%）。基础金融业务、存款业务恰恰也是农村金融当前最为成熟的业务，是当前以及未来行业竞争的焦点领域。而存款的理财化，将是存款业务争夺的主要形式。因此，大力发展财富管理业务，有利于巩固农业银行在农村存款资源的既有优势。2021 年，农业银行的县域客户购买理财产品规模超过 9 000 亿元，占该行理财产品总规模之比超过 43%。

第二，深化数字化转型。在这一方面，农业银行的思路与工商银行、建设银行都颇为相似，构建场景生态、强化线上产品创新、完善服务体系是其主要内容。围绕乡村产业、乡村治理、惠民服务三大重点领域，加快推进涉农场景建设，推出农村集体"三资"管理平台、智慧市场、智慧招投、智慧粮仓等特色场景平台。推进线下整村信息建档与线上多渠道数据引入，推出农户

---

① 大财富管理+数字化转型：农业银行零售金融质效双升，推动高质量发展再上新台阶［N］. 21 世纪经济报道，2022-08-31.

线上贷款"惠农 e 贷"。持续完善"人工网点＋自助网点＋惠农通服务点＋互联网线上渠道＋流动服务"一体化服务渠道体系。

与农业银行相似，发展财富管理业务、数字化转型也是邮政储蓄银行深化农村金融业务发展的主要着力点。作为农村金融既有格局中的另一家大型银行，其以零售金融作为核心战略定位，提出要突破式发展财富管理业务，将网点、客群、储蓄存款等资源禀赋优势转化为财富管理发展优势，实现"储蓄银行"向"财富管理银行"转变。在数字化领域，基于农业农村大数据，形成了2 700万的授信白名单，积极推进主动授信、无感授信；配置了超万台移动展业设备，已基本实现农户信贷全流程数字化作业。

不过，相对于其他大型银行，邮政储蓄银行具有更为下沉的经营体系和客户基础，以及独一无二的"自营＋代理"模式[1]：在该行近4万个网点中，约70%分布在县及县以下农村地区，而6.5亿个人客户中有4亿多分布在县及县以下农村地区。因此，邮政储蓄银行在大力推动财富管理业务发展和数字化转型的同时，重点以农村信用体系建设为抓手，推动服务的下沉和市场的深耕。通过对客户精准画像，开展主动授信，实现信用村的普遍授信，截至2022年年末，该行建设的信用村数量已超过38万个，信用户超1 000万户。

---

[1] 邮政储蓄银行自2007年成立以来确立了"自营＋代理"的运营模式，委托邮政企业在代理网点提供吸收本外币储蓄存款服务、结算类金融服务、代理类金融服务及其他服务。邮政集团均须遵循无限期的"自营＋代理"运营模式，邮政储蓄银行与邮政集团无权终止邮银代理关系。

相对于大型银行，农信社、农商行面临着更大的挑战。近年来，农信社、农商行的线下优势受到削弱，线上业务拓展较慢，存在客户流失的压力，市场经营面临挑战。而持续下沉的大型银行，则具有明显的资金成本优势以及科技优势。对此，农商行主要通过外延性的改革重组以及内涵性的服务再下沉、业务模式与数字化的对接，来应对挑战，具体包括以下几个方面。①

第一，体制改革。沉寂了14年的省级农村信用社联合社（以下简称省联社）改革开始加速。遵循"一省一策"模式，浙江、河南、辽宁分别以"联合银行""银行控股公司""统一法人模式"拉开省联社改革序幕。

第二，推动合并重组。农信机构规模小、抗风险能力弱，在激烈的市场竞争中，希望能"抱团发展"，形成规模效应，提高应对市场挑战的能力和水平。同时，对于一些地区的农信机构，组建地市级农商银行也是农信机构化解风险的一种主要方式。

第三，18家省联社发起数字金融联盟。2022年11月30日，浙江农商联合银行等全国18家省（自治区）农信联社签订《农商银行数字金融联盟战略合作协议》。相关机构在科技治理、系统研发、业务运营、人才培养等领域开展广泛深入合作。

第四，推动"金融+非金融服务"的融合下沉。进一步融入社区治理，参与公益活动，承担社会责任，用心、用情经营客

---

① 王雪冰. 农商行如何打赢"生存保卫战"？[N]. 中华合作时报，2022-05-22.

户,做实"有温度的暖银行"品牌,巩固人缘、地缘优势。

第五,对接数字化,提升金融服务效率和体验。如浙江江山农商行依托大数据中心、承包地确权、农房管控系统等政府大数据平台,实现农户信息采集、公议授信、授信名单导入后台系统,确保精准授信一户不漏。

农村金融市场竞争的核心将是数字化之争

当前我国农村金融市场的格局已被打破,但就竞争方式而言,主要还是以传统竞争方式为主并辅以初步的数字化竞争;各家银行信贷资源对农村的倾斜,对考核的强化,仍是驱动业务发展的主要动力。但在这种模式下,农村金融格局的改变所呈现的行业竞争,将更多是对龙头企业、政府客户、基建贷款、存款等现有市场要素的竞争,其特征是既有市场的红海竞争。

因此,要改变这种情况,实现银行服务在农村真正的下沉,改变金融服务集中于现有狭小市场领域的情形,就必须通过数字化赋能,破解长期困扰农村金融的风险与运营成本困境,提高农村金融市场的规模和深度,在培育农村金融市场的同时实现有序竞争。

也正是因为如此,当前各参与主体都将数字化作为参与竞争的重要变革。不过,从当前的情况来看,各参与主体的数字化思路并不相同。大型银行主要秉承数字化赋能的生态化、平台化模式,网商银行则重点强化技术创新,而农村既有中小银行则试图推动现有模式与数字化的融合。从这个意义上讲，农村金融市场竞争的核心，最终将是数字化之争。

以数字化赋能、资源整合为核心的大行生态化、平台化模式

通过银政合作，基于特定场景构建平台和生态，是大型银行的主要思路。以建设银行为例，其在各地进行了诸多探索和实践，如针对农村市场所构建的"裕农市场"平台及其生态，以农民社交为思路的"裕农朋友圈"，以产业数字化为抓手的山东寿光的"蔬菜智慧管理平台"，以农村治理为切入点的"阳光三务"（党务、村务、财务）平台。典型案例如2018年，建设银行与黑龙江省合作，以"农业大数据中心+产业公共服务平台+金融科技"为核心模式，推动"数字农业"平台及生态建设，这一案例受到了农业农村部的推广。[①]"数字农业"平台试图通过构建覆盖农业生产端、流通端和销售端全产业链条的数字化服务体系，来提高农业的产业化发展水平。

在这一生态中，建设银行与黑龙江省农业农村厅合作建设的"农村土地资源管理平台"是其核心职能。该平台实现了农村土地承包经营权的租赁、流转、鉴证、抵押、登记等线上办理功能，在提升农村土地经营权审查登记、档案追溯、土地纠纷化解

---

① 建设银行：打造"农业大数据+金融"模式[EB/OL]．中国农村网，2022-09-22. http://journal.crnews.net/ncpsczk/2022n/d16q/nynctz/949982_20220922065024.html.

等工作时效的基础上,提高了当地农业现代化管理水平。此外,该平台汇聚了土地流转、承包、租赁、涉农补贴等数据,为农业生产数据、补贴与行业政务数据、金融行为数据等多维信息的交叉验证、挖掘整合打下良好基础。在此基础上,建设银行通过挖掘、综合应用"农业+政务+金融"大数据,对服务对象进行风险评估和信用画像,精准找到实际种植者、生产者,开发了地押云贷、农户抵押快贷、农户信用快贷、农户担保快贷、农户消费快贷等线上产品。依托该平台所包含的涉农数据,建设银行实现了批量化获客、精准化画像、自动化审批、智能化风控以及综合化服务。

在上述模式中,建设银行不仅是数字农业的金融服务提供者,还是数字化平台的建设者。建设银行顺应农村经济社会发展趋势,立足国有银行强大的银政关系,依托大型银行在技术和能力上的优势,通过推动农业的数字化,来整合和建立生态,从而建立起一个数字化的获取客户、数据、资金的体系。上述数字化思路或者说下沉思路,是国有大行渠道思维的延伸和升级,秉承了国有大行传统上的资源优势和资源思维。

与数字化相融合的微贷技术模式

一些中小银行通过引入德国 IPC 公司的微贷技术模式,建立了自身的经营特色。近几年,这些银行不断推进自身既有模式与数字化的融合,包括两个方向。

第一,"微贷技术+流程数字化"。IPC 微贷技术,本质上是一种发挥客户经理能动性和专业性的精细化管理的技术,它高度依赖人力的投入。不过，随着竞争的加剧，如何提高产能就成为相关模式进化的方向。

对此，常熟银行通过移动贷款平台建设，推动了既有模式与数字化的对接。[①] 常熟银行经过多年的实践，打造出"IPC 微贷技术+信贷工厂"的业务模式。IPC 微贷技术是在信用体系不完善的时候，信贷员多维度考察客户还款能力和还款意愿的技术，其核心是通过交叉检验方式、自制报表来进行客户识别和风控防控。在这个过程中，由信贷员对一笔贷款的全过程负责。但这一模式也存在客户经理负担过重、审批流程效率不高的问题。在此情况下，常熟银行将 IPC 微贷技术与强化各流程环节分工协作、流水线式运作的信贷工厂模式相结合。前端通过 IPC 微贷技术实现风险过滤，后端则通过信贷工厂的批量操作、标准化的流程来提高审批效率。信贷工厂模式实现了信贷流程的"前端减负、后端剥离、集中审批"。2012 年，在移动办公思想指导下，常熟银行移动贷款平台上线。移动贷款平台的开发有利于实现资料电子化传输和在线审批，进一步提高了小微金融服务的效率。

第二，"大数据风控+人工辅助调查"。随着客户的线上化，传统的微贷技术不仅面临产能的问题，而且在获客、活客领域更显竞争劣势。为此，一些中小银行积极探索大数据批量获客、风

---

① 郭其伟，刘斐然，范清林. 三次迭代升级，常熟银行：常熟微贷开启超级工厂模式［EB/OL］. 2022－11－06. https://www.163.com/dy/article/HLGOVC1T055337N2. html.

控与人工微贷技术线下调查相融合的方案。

安徽省亳州市 2015 年整合了全量政务单位数据，覆盖客户基本信息、家庭信息等，安徽亳州药都农商行将相关数据应用到获客与风控上，实现了大数据强分析和客户经理人工调查的有机结合互补。在前期系统推送后，对于存在风险点需要人工介入的时候，才会由客户经理进行现场或非现场的核实、处理。药都农商行实现了 80% 的客户全流程无人工干预来进行业务办理，17% 的客户会有人工弱调查；在数据的支持下，客户经理的人均管户超过 2 000 户。①

农村中小银行在既有线下模式基础上加速与数字化相融合，反映了在大型银行服务下沉、客户线上化背景下，农村中小银行所面临的效能以及获客冲击。

以技术创新为导向的网商银行模式

网商银行早期主要是为阿里巴巴电商体系内商家提供贷款，后来随着支付场景的变化将业务拓展到线下商户。当前，其业务进一步下沉，逐步走出阿里生态。在农村金融探索上，网商银行早期主要通过村民推荐、人工审核等方式服务农户，但并不成功。在此基础上，网商银行逐步探索出通过银政合作，基于公开涉农数据建立区域专属授信模型，并以技术创新作为业务发展驱动力的业务模式。目前，网商银行已经与全国超 1 000 个涉农县

---

① 郭建杭. 数字经济来袭，涉农信审底层技术迭代［N］. 中国经营报，2022 - 08 - 06.

区合作发展数字普惠金融，数量占全国涉农县域总数近一半。其模式主要包括三方面的内容。

第一，特定的客户和业务定位。网商银行客户主要定位于涉农经营性农户、小微企业。其涉农经营性农户贷款周期短、额度小，平均金额在三四万元，笔均贷款时长为3个月左右，且全部是无抵押信用贷款，大部分用户一次贷款的利息成本低于100元。目前，网商银行涉农用户风险水平表现稳定，不良率在1.5%左右。

第二，风控与信贷技术创新（见表9-1）。2019年，网商银行率先探索应用卫星遥感信贷风控系统"大山雀"，通过卫星遥感技术结合人工智能模型算法，获取可信动态数据，将识别结果应用到涉农信用贷款模型中，提升农户信贷的服务效率。2021年，网商银行推出数字化产品矩阵"大雁系统"，解决供应链上的小微企业在生产经营全链路的信贷需求及综合资金管理需求。2022年7月18日，网商银行发布"百灵"智能交互式风控系统，在行业内首次探索人机互动信贷技术。依托"百灵"系统，网商银行推出的提额自证任务，可帮助用户提升信贷额度。通过"百灵"系统，小微企业主拍照上传合同、发票、店面照片等凭证，即可让系统自动识别这些材料并分析经营实力，从而获得一个更合适的贷款额度。网商银行以图计算技术为基础，构建了动态企业图谱和行业图谱，将行业的经营周期、资产构成、上下游逻辑也都纳入风控评估。同时，网商银行与行业专家合作，将其对行业的经验和判断转化成可用于风控的知识库，推动"百灵"系统理解材料背后的意义，建立认知智能。

第三,与政府、机构建立起广泛的合作。网商银行与县域政府签约,通过政府将土地确权、农业补贴、农业保险等公开信息与银行的数字风控技术结合,建立区域专属授信模型。网商银行在农村金融领域还与邮政储蓄银行等国有大型商业银行、政策性银行、股份制银行、农商行、农信社、农村资金互助社、村镇银行、农业担保公司、农业保险公司建立多种形式的合作。以村镇银行为例,相关合作是以技术输出促成联合贷款的模式进行:网商银行输出自动审批、卫星遥感等技术,村镇银行发挥线下触角优势,比如业务员会拿着手机登门指导农民扫码查询额度。

表9-1 网商银行主要技术创新

	用途	主要技术应用	进展
"百灵"智能交互式风控系统	客户自证式交互增信	企业和行业动态图谱、通用场景OCR解析、虚拟数字人、跨模态多任务预训练模型、自然语义处理、自然语言生成、自监督对比学习、半监督的意识挖掘、非剧本式对话解析	全天候信贷员;可识别26种凭证,已经为超过200万小微客户提升额度
卫星遥感信贷技术"大山雀"	通过卫星遥感,可对农作物生长情况、产值进行评估	卫星遥感、计算机视觉、深度残差网络、卷积神经网络、递归神经网络、大尺度图像语义分割	识别作物种类超过30种,准确率达到92%;覆盖全国超1 000个县域
数字化产品矩阵"大雁系统"	大规模知识图谱,应用于数字化供应链金融	图计算、强化学习、迁移学习、深度残差网络、聚类分析、大规模知识图谱、实时循环学习	超过500家品牌已经接入,长尾小微贷款可得率达80%

从以上内容不难看出，网商银行的努力，在某种程度上是将线下信贷员的工作行为和风控逻辑进行了技术化和线上化改造，反映了互联网银行的技术思维。

总体而言，当前农村金融领域的数字化模式还处在探索和发展中。不过，无论是大型银行、互联网银行，还是农村中小银行，都选择了基于自身禀赋特点的数字化模式。大型银行的资源优势和资源思维、互联网银行的技术思维、本地化中小银行市场的根植性，赋予农村金融参与主体各自的优势，但这种优势如何转化为业务和市场上的胜势，不仅在于各参与主体的宏观思路，还在于具体的操作和执行。

在经济社会急剧变革中重构银行的农村金融战略

农村金融业务不仅涉及业务模式的创新，更需要银行从战略层面进行全方位思考和布局。其原因不仅在于农村金融市场对行业格局的重大影响，更在于如何以进化的视角来看待农村经济社会的发展。

2022 年，我国农村居民人均可支配收入 20 133 元，首次迈上 2 万元新台阶，城乡收入倍差为 2.45，比 2021 年缩小 0.05；乡村产业蓬勃发展，农产品加工流通业加快转型升级，规模以上农产品加工业营业收入超过 18.5 万亿元，增长 4% 左右；乡村产业基础进一步夯实，新建 40 个优势特色产业集群、50 个国家现代农业产业园、200个农业产业强镇。① 农村供水供电、交通道路、宽带网络和学校医院等设施加快建设。城乡居民基本养老保险基本实现对农村适龄居民全覆盖，建立了统一的城乡居民基本医疗保险制度。

当前，我国农村经济社会发展正进入新的节点，农村经济社会变迁有望进一步加速，农村金融正面临经济社会环境结构性的变化。这主要源于我国农村经济社会要素禀赋及其结构的重大变迁、农村生产经营组织形式和农村经济社会运行方式的进化和发展、我国城乡关系的深刻调整，以及数字化、社会化与工业化、产业化、城市化的深度融合。

长期以来，人们用"二元经济"来形容我国的城乡关系，它来源于计划经济时代工农业产品价格的"剪刀差"造成的农村、农业对城市和工业的输血。改革开放后，二元经济的情况有所改变，农村、农业与城市、工业的利益对立关系有所缓解，农村通过输送剩余劳动力，以农民工的形式，从城市和工业获取收益。但相对于城市和工业的快速发展，农村和农业获取的收益是相对较小的份额。但如今，这一逻辑的基础即将逆转，具体体现在以下几个方面。

第一，农村经济社会发展的要素基础和禀赋特征正在发生逆转。当前我国农村的空心化和劳动人口的老龄化都发展到了一个

---

① 常钦. 农业农村经济发展取得超预期成效（权威发布）[N]. 人民日报, 2023 - 01 - 19.

历史的节点。2020 年农村 60 岁以上老年人口的比重为 23.81%，比城镇高出 7.99 个百分点，不仅如此，农村老龄化的速度还在加速。① 农村更加严峻的老龄化现实背后是青壮年劳动力几乎全部外出务工，留守的只有老人、儿童和丧失劳动能力的人。未来几年，随着当前充当主力的老年人相继丧失劳动能力，"谁来种地""如何种地"将成为农村生产经营必须回答的问题。与此同时，城市端的资本不再稀缺，城乡资本边际收益的差距开始缩小，资本和人才下乡已经成为热潮。撤乡并镇、教育集中，都将成为不可逆转的趋势。在此情况下，农村生产经营将产生结构性的变化。规模化生产、社会化服务、外部人力和资本的引入等发展趋势将阶段性地加速。

第二，数字化与工业化、产业化融合发展。在强调食品健康、绿色发展以及全产业链竞争情况下，与农、牧等产品相关的制造、流通领域的龙头企业，不断向产业链的前端延伸，通过一、二、三产业的融合，推动农业的产业化发展。而下乡的资本和人才与农村自然禀赋结合，也催生了乡村旅游、乡村养老等农村新型产业的发展。更为重要的是，和过去农村的工业化、产业化不同的是，数字化成为农村经济社会发展新的催化因素，与农村产业化融合，为农村产业化带来新的技术、新的运行方式、新的政府治理与服务，提高了农业产业化的成功率。例如，安徽砀

---

① 李竟涵，孟德才. 应对农村人口老龄化比城镇更急迫［N］. 农民日报，2022 - 04 - 07.

山通过与中国农科院、阿里云合作，结合当地的土地资源、气候资源以及病虫害情况等，利用大数据技术计算出一种标准化的模式，推动砀山梨标准化生产。再如电商直播等新业态不断涌现，而大量涌现的产业平台，则将全产业链运作与数字平台相对接。至于数字政府的建设，则为农业产业化提供了更好的治理与公共服务环境。

第三，社会化生产服务快速发展。当前，我国农业社会化服务覆盖面积18.7亿亩次、带动小农户超过8 900万户。① 其中，无人机社会化服务就是一个经典案例。② 近年来，为解决农作物打药过程中的诸多痛点，植保无人机在我国得以快速发展。全国农技中心的数据显示，2016年我国植保无人机保有量只有约4 000架，到2021年仅病虫害专业防治服务组织的植保无人机就已超12万架，作业面积突破10.7亿亩次，有超过20万名飞手活跃在田间地头。不仅是植保，当前无人机还可以承担播种、施肥等多种职能。经过2017年、2018年爆发式增长，无人机现在几乎成了农业社会化服务组织和新农人的标配。中国农业无人机已经"领跑"全球行业发展。以黑龙江省为例，2015年黑龙江省农业无人机保有量约300架，作业面积不足100万亩次；到2018年保有量就快速增加到2 437架，作业面积超过2 600万亩次；2021

---

① 常钦. 农业农村经济发展取得超预期成效（权威发布）[N]. 人民日报, 2023 - 01 - 19.
② 中国农业无人机：最接地气的"黑科技"能飞多远？[N]. 农民日报, 2022 - 6 - 24.

年全省保有量已达1.7万架，作业面积超过2亿亩次，飞防渗透率近90%。同时，2021年全省无人机播撒作业面积超1亿亩次，覆盖近50%的水稻田施肥。不光在黑龙江，新疆2021年飞防渗透率也达到80%。

无人机的发展对农药减量、农业节本增效、应急救灾、保障粮食安全等，都发挥了积极作用，也推动了农业现代化和数字化、智能化的进程。调查数据显示，航空植保统防统治效果比农民自防效果提高10%~20%，减少农药使用20%~30%，农药利用率提高10%以上。与此同时，通过与物联网、大数据及云计算等现代技术密切结合，无人机目前已在遥感监测、精准植保、智能撒播等方面进行了大规模应用，有力地推动了我国智慧农业发展。当前，无人机服务主要是相关服务机构的跨区作业以及本地化的托管服务。随着土地流转的加速以及农资市场的变革，农业无人机社会化服务将成为打开智慧农业和精准农业的一把金钥匙，无人机社会化服务是集机械化、数字化、智能化以及社会化一体的重要进展。

第四，新型农业经营主体、集体经济组织不断壮大和发展。随着农村要素禀赋的重大变化以及数字化、产业化的融合，农村经济社会的组织形式也发生了重大变化。与规模化、现代化相适应的新型农业经营主体快速发展。家庭农场、农民合作社分别达到390万家和222万个，比2018年分别增长了330万家和5万个。农村集体资产清产核资全面完成，集体经济组织成员身份全面确认，经营性资产股份合作制改革稳步推进。农业农村部数据显示，截至 2020 年年底，全国农村集体经济组织包括乡（镇）和村、组这三级组织的集体资产总额增至 7.7 万亿元（不包括耕地和其他资源型资产）。其中，有集体经营性收入但低于 10 万元的村级组织增长至 24.02 万个，较 2015 年增长 28.45%；集体经营性收入在 10 万元以上的村增加至 17.86 万个，较 2015 年增长 117.80%。

从以上分析可以看出，我国农村经济社会发展的逻辑基础正面临重大改变。农村、农业的产业化、规模化进程将进一步加速，农村经济社会发展将发生结构性的变化，数字化、社会化将彻底改变我国农村的面貌。既有的熟人社会也将解体，来自城市的资本、人员、需求将在农村"谁来种地""如何种地"的问题中扮演重要角色。

就银行业而言，上述进程将从根本上重塑我国农村金融的市场环境，并深刻影响中国银行业的农村金融战略。对此，银行业需要对几个问题进行深入探讨。

第一，中国银行业需要二元性的农村金融战略吗？长期以来，中国经济社会呈现城乡分割的二元结构特征，与城市相比，农村经济社会发展水平相对落后。在这种情况下，强调农村金融特殊性的农村金融战略似乎顺理成章。但这并不意味着相关战略应该是一个分割性的二元战略。从上面的分析我们可以看出，城乡一体化是一个急剧发展的必然趋势。无论是经济社会发展水平收敛，还是要素的下乡以及一、二、三产业的链接，单纯就农村看农村、就农村金融探索农村金融的发展思路，是难以适应农村经济社会急剧发展趋势的。未来的农村金融，必须从城乡一体化的整体格局来探索农村金融的战略布局。要从县域甚至是市域（地级市）而不是单一乡村角度，来构建农村金融的经营体系；要以县、市为支点，统筹农村金融发展。

第二，农村金融的关键客户是谁，关键业务是什么？基建贷款、产业金融、基础金融（转账、存款）、农户经营贷款是农村金融的主要业务内容，从主要金融机构的业务结构看，基建贷款和基础金融扮演着主要角色。农村金融真正的缺失，或者说是农村金融的本质其实是针对农村生产经营的金融服务问题。具体而言，农村金融的挑战，一方面来自以农户为单位的小农经济的风险与成本劣势；另一方面来自农业产业化生态的缺失——既缺乏农业产业化的新型经营主体、社会化服务体系，也缺乏与之相适应的金融服务体系。但从农村经济社会的急剧发展趋势来看，产业化、集中化、机构化是必然趋势。因此，农村金融的重点并不在于松散农户，而在于产业金融。产业金融是农村金融机构核心竞争力的关键所在，也是农村金融业务的潜力所在。银行要在支持产业龙头发展、推动一二三产业融合、辅助资本下乡、创新新型农业经营主体服务、促进农村集体经济组织发展中，协助构建和完善农村农业产业化的生态；要以产业金融为抓手，建立农村金融的核心竞争力，并以此来扩展自身在基础金融、乡村建设等领域的业务发展。简言之，产业化、规模化机构才是农村金融的关键客户。

第三，应采用何种业务模式？当前，大型银行、互联网银行、农村中小金融机构分别采用平台化、技术化以及小贷技术与数字化融合的数字化模式，来深化农村金融业务发展。这些模式选择主要是基于当前各家银行的禀赋特征和现实业务需求。但从长期趋势看，随着竞争的加剧，以集约化获客为重点、辅之以初步大数据产品应用的平台模式，并不能解决农村金融的核心挑战，也无法有效应对竞争。因此，其必然需要通过风控硬技术开发来释放进一步发展的潜力；同样，互联网银行的自证风控模式，本质上是对小贷技术与数字化融合的底层逻辑的技术化模拟，尽管其成败需要迭代和发展，但从长远看，却代表了人工与技术关系的发展趋势。总体而言，平台化、技术化以及精细化三种模式的融合，将是上述不同机构创新农村金融模式的基本方向，而风控硬技术的发展，则是相关趋势的关键主线。

以上三个问题的核心就是农村金融的战略导向问题，它更多是基于农村急剧发展的结构性变迁。但我们需要看到的是，未来趋势和当前现实还是存在差距，当前的农村金融市场和5～10年后的农村金融市场一定会存在很大的差距。因此，银行的农村金融战略只能在目标和现实中进行平衡。一方面要积极拓展成熟、可行的业务领域。另一方面，要通过与政府合作，积极介入和投身农业农村的关键变革，如数字化乡村建设、数字化政府建设、农村社会化服务发展、农村要素市场改革、农村集体经济组织改革、农村信用体系建设等；通过推动变革、融入变革，来把握农村经济社会变革的脉动；要在推动变革、融入变革的过程中，促进与之相适应的业务模式和风控技术创新。

第四部分

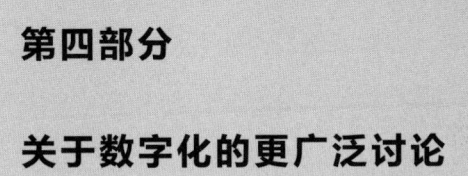

关于数字化的更广泛讨论

第十章
深度数字化中的未来银行展望

以 ChatGPT、GPT-4 为代表的新一代人工智能革命

2022 年 11 月 30 日，美国 OpenAI 公司发布人工智能聊天机器人 ChatGPT，上线两个月，其全球用户数就突破 1 亿，超越 TikTok（抖音海外版），成为史上用户增长速度最快的消费级应用程序。① 2023 年 2 月，微软宣布将其新的 Edge 浏览器和必应搜索引擎集成 ChatGPT。2023 年 3 月 15 日，OpenAI 公司发布了 GPT4 模型。相较于最初基于 GPT 3.5 模型的 ChatGPT，GPT-4 能够完成一些 ChatGPT 无法解决的问题，是 OpenAI 在扩展深度学习方面的最新进展。2023 年 3 月 16 日，微软宣布将推出由 GPT-4 模型驱动的 Copilot 人工智能服务，并将其嵌入 Word、PowerPoint、Excel 等 Office 办公软件中。

---

① ChatGPT 革命［J］. 小康，2023（3）.

ChatGPT 和 GPT-4 具有强大的功能，不仅能流畅地与用户对话，还能写诗、写文章、编码。根据 OpenAI 官方公布的技术报告，如果让 ChatGPT 参加总分 400 分的美国律师资格考试，其得分为 213 分，大约只能胜过 10% 的人类考生；而如果让 GPT-4 参加这一考试，则可以得到 298 分，可以胜过 90% 的人类考生。ChatGPT 和 GPT-4 所展现的强大功能引起全世界对人工智能研究新进展的高度关注。它们的主要特点有以下几个。

第一，从分类上看，ChatGPT 和 GPT-4 都属于"生成式 AI"（Generative AI）。相对于过去市场上的"分析式 AI"产品（主要功能是对数据进行学习和分析，以此来进行预测、辅助用户进行判断），生成式 AI 的主要功能是通过学习来生成与训练数据不同的新数据。生成式 AI 模型从本质上属于深度学习模型的分支。[1]

第二，模型规模巨大。以 GPT 系列的发展为例：2018 年 6 月，GPT-1 面世时，其参数仅为 1.1 亿，预训练数据量也仅有 5GB；到 2019 年 2 月 GPT-2 推出时，参数达到了 15 亿，预训练数据也增长到了 40GB；而到 2020 年 5 月 GPT-3 推出时，参数已经暴增到 1 750 亿，预训练数据量也暴涨到 45TB。此后，OpenAI 又在 GPT-3 的基础上增加了参数量和训练数据量，将其升级为了 GPT-3.5，并用 GPT-3.5 训练了 ChatGPT。[2]

---

[1] 陈永伟. 作为 GPT 的 GPT：通用目的技术视角下新一代人工智能的机遇与挑战 [J]. 财经问题研究，2023（6）.

[2] 同上。

第三，通过海量的数据对模型进行预训练。模型将人类几千年积攒下的海量的知识数据导入，而且不再局限于垂直领域，一般性问题都能够解决，具有一定通用性。模型还可以持续学习，持续提供信息。[①]

第四，实现了从单模态到多模态的跨越。GPT-4 模型是一个能接受图像和文本输入并输出文本的多模态模型，展现出了更强大的语言理解能力。

深度数字化时代已经在路上

对于 OpenAI 的 GPT 人工智能模型，微软公司联合创始人比尔·盖茨给予了极高的评价，他认为该模型是他自 1980 年首次看到现代图形桌面环境（GUI）以来，最具革命性的技术进步，并惊呼"人工智能时代已开启"。

ChatGPT 和 GPT-4 的诞生是人工智能领域近十年来的一个里程碑事件。清华大学人工智能研究院视觉智能研究中心主任邓志东，在《新京报》发起的主题为"ChatGPT 是一场'虚火'还是颠覆性技术革命？"直播中提到，自 2012 年以来，以深度学习为代表的人工智能在全球范围内得到迅猛发展，但其都属于弱人工智能，对人类而言是赋能的工具。ChatGPT 则不同，它利用单一

---

① 启明创投邝子平：中国赶上 ChatGPT3 是时间问题，这些行业将被 AI 颠覆［EB/OL］. 2023 – 03 – 25. https://www.yicai.com/news/101712099.html.

模型就能完成自然语言处理（NLP）领域中的多个任务，比如对话、翻译、生成、搜索、编程与调试等，这就有了文本语言领域中通用人工智能的主要特点；同时，它在完成多个任务时还接近人类的水平，与以前根据特征进行匹配或搜索的方法完全不同。以 ChatGPT 和 GPT-4 为代表的新一代人工智能，是人工智能从"弱人工智能"迈向"强人工智能"的开始，它打开了人工智能大规模应用的大门。①

新一代人工智能的发展及其大规模应用，将推动我国经济社会向深度数字化迈进。相对于当前以互联网的连接、有限的智能化应用、初步的大数据分析以及平台化商业模式等为特征的数字化，人工智能时代的数字化，其面貌将发生深刻改变，具体体现在以下几个方面。

第一，人工智能将推动数字化基础设施进一步进化。当前，互联网更多是人与人、人与服务、人与内容的连接，但这些都是由人驱动的；未来，这些连接都将由 AI 驱动。② 当前互联网的核心内涵在于连接，即通过连接来赋能；未来，随着新一代人工智能的发展，互联网的价值在于"赋能连接"，即通过人工智能的应用，提升互联网连接的价值，从而进一步提升连接的广度和深度，推动互联网从"人与人的连接+有限人工智能"向"万物互

---

① 曹璐. 业界怎么看 ChatGPT "智力革命"？希望从商业回归技术理性[EB/OL]. 2023-3-23. https://www.yicai.com/news/101710207.html.
② 博鳌亚洲论坛 2023 年年会：下一代互联网加速升级，为发展注入新动能［EB/OL］. 2023-03-31. http://api.app.anhuinews.com/content/6771044.

联+新一代人工智能"拓展。

第二,人工智能应用将从碎片化过渡到深度融合的一体化场景中,推动数字化在更广阔的产业和领域落地。过去,人工智能的行业应用主要是针对某一类应用的小模型,比如人脸识别、语音识别等。未来,在云服务的基础上,大模型与行业发展需求相结合,将促使人工智能越来越多地在产业落地。例如,华为云盘古药物分子大模型,是由华为云联合中国科学院上海药物研究所共同训练而成的大模型,可以实现针对小分子药物全流程的人工智能辅助药物设计。西安交通大学第一附属医院刘冰教授团队利用该大模型成功研发出一种新的"超级抗菌药",该药有望成为全球近40年来首个新靶点、新类别的抗生素。借助大模型,先导药的研发周期从数年缩短至1个月,研发成本降低70%。[①]

第三,人工智能将进一步改变人们工作、学习、旅行、获得医疗保健以及彼此交流的方式。新的思想、新的商业模式将不断涌现,进而改变社会的组织形式、经济社会运行方式和人的思维方式,从而将人类社会推入深度变革之中。以教育体系为例,它以传授知识为中心,强调教师对学生单向知识灌输,以及学生对知识的掌握和记忆,而手段则是考试和题海战术。ChatGPT的出现改变了这一切。在人工智能时代,真正有意义的是人的方法论,与人工智能融合的能力;当前的课程体系、教育方法、教师

---

① 人工智能产业化应用加速[N].人民日报,2023-03-25.

结构以及考核选拔机制都将面临重建。

第四，在算法模型以及数据方面，巨量模型将会成为人工智能规模化创新的基础，人工智能将具有更强大的高性能服务能力。以数据获取为例，近十几年来，人工智能的发展主要来自机器学习领域，而这个领域的发展对数据有非常高的依赖性。但在实践当中，数据的搜集和整理不仅成本高、质量难控制，还可能衍生出侵犯个人隐私、威胁数据安全等问题，这些都对机器学习的发展造成了制约。为了应对这些问题，一些学者建议可以用生成式 AI 合成数据作为真实数据的补充，供机器学习使用，以突破阻碍机器学习发展的数据瓶颈。①

深度数字化时代银行的可能图景

新一代人工智能的发展将带来经济社会深度数字化的前景。它不仅改变银行自身的数字化技术条件，也将改变银行所处的数字化生态，从而深刻改变中国银行业的图景，具体体现在以下几个方面。

第一，从人与互联网的有机融合到虚拟即现实。新一代人工智能的发展，将为元宇宙的真正落地创造条件。元宇宙是下一代互联网的重要元素。它是整合网络通信、扩展现实、数字孪生、

---

① 陈永伟. 作为 GPT 的 GPT：通用目的技术视角下新一代人工智能的机遇与挑战[J]. 财经问题研究，2023（6）.

区块链、人工智能等多种新技术而产生的新型虚实相融的互联网应用和社会形态，拥有完整的经济逻辑、数据、物体、内容以及IP，是一个永续在线、不断被刷新的实时数字世界。[①] 元宇宙沉浸式银行营业厅、虚拟数字人、虚拟资产等要素为银行的服务形态创新指明了方向。相对于物理网点、单纯的AI客服或者由人驱动的虚拟数字银行服务人员，由新一代AI驱动的元宇宙沉浸式虚拟现实的远程营业厅，解决了物理网点的时空受限、单纯AI与客户疏离、由人驱动的数字人成本高昂等问题，是未来银行个人客户服务形态的进化方向。

在对公领域，新一代人工智能的发展，提高了各产业数字化的价值，为广泛、深化的数字化银行服务嵌入客户经营场景中创造了条件。在此情况下，以开放银行为主要形式，嵌入供应链和产业链当中的无感无形的银行服务，将是银行对公服务的主要形态。但与当前的开放银行形态相区别的是，未来深度数字化时代的开放银行服务，将主要是由AI驱动。

第二，从局部应用到全面赋能。当前，银行主要把AI应用在智能识别、智能营销、智能客户服务、大数据风控、智能运维、智能投顾和智能投研等领域（见图10-1）。其中，国内银行对生物识别、活体检测等技术的应用是比较成熟的，但在分析和决策领域，比如风控、投顾等领域，相关应用还处于初步阶段。但生成式大模型的应用，有望改变这一切。如在知识图谱引擎原

[①] 宋首文. 元宇宙与银行数字化转型［J］. 银行家，2022（10）.

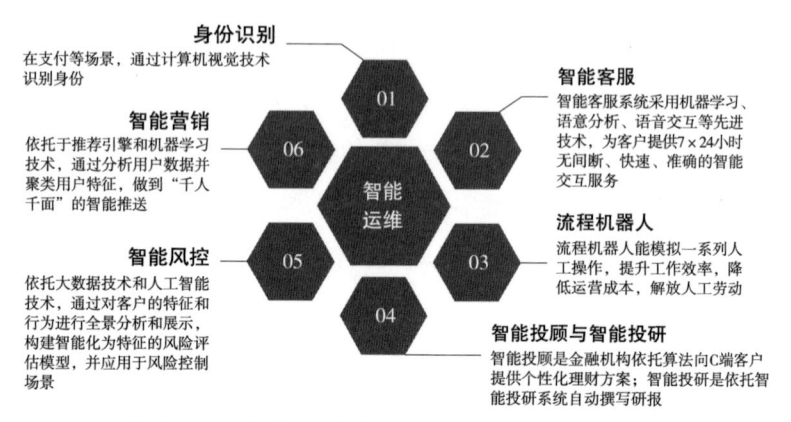

图 10-1　当前人工智能在国内银行的主要应用领域

注：智能运维是基于大数据和人工智能技术实现的智能化运维，智能运维在异常检测、故障诊断等领域相比传统的运维模式具有更好的运维效果，可以有效提高运维效率。

有的隐性集团识别、深度链扩散、子图筛选等能力基础上，ChatGPT可以扩展出更高维度、更大范围的隐性关系识别。①

新一代人工智能的出现和发展，不仅可以强化银行既有的人工智能应用，还进一步扩展人工智能在银行全部体系的普及。如前台的客服、催收的人工替代，中台的授信报告、审批报告、贷后管理报告撰写，后台的宏观研究、行业研究、程序编写等。新一代人工智能将实现对银行的全面赋能。

第三，重构运行体系。传统上我国银行的运行变革重在解决体制机制问题，解决总分、条线以及前中后关系问题。但随着数字化的发展，其运行又出现了新的问题，就是在渐进的数字化过

---

① 多家银行尝鲜ChatGPT有望重塑金融机构营销模式［EB/OL］.财经网，2023-02-17. https://m.caijing.com.cn/article/289013.

程中，分属不同逻辑（线上的、线下的）的体系，堆砌、杂糅在一起，不仅造成银行运营体系的臃肿，也造成银行运行逻辑的冲突。不过，随着新一代人工智能的出现，有望通过重构银行运行体系来彻底解决上述问题。

在人工智能驱动的平台银行体系下，银行不再需要高耸的组织体系和复杂的条线体系，而平台的连接、智能化的运行，也将使前中后台融为一体。与此同时，银行的人员体系也将发生巨变，臃肿的人员体系不复存在，银行可重点关注将技术与业务相融合。在此基础上，通过整合、重构，将彻底改变银行多种运行逻辑杂糅的问题。可能的运行架构如图10-2所示。

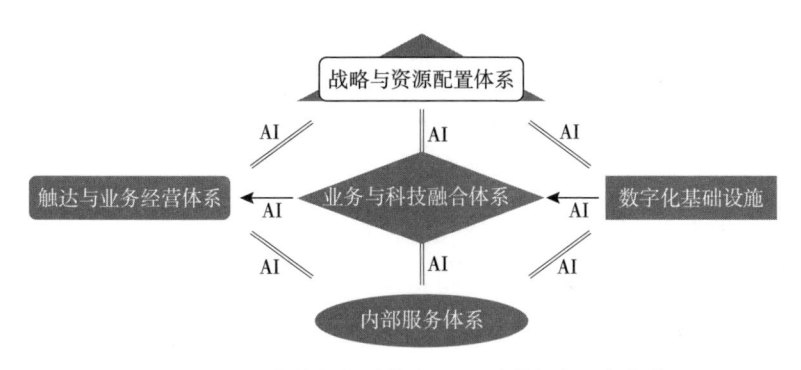

图10-2 深度数字化时代由AI驱动的银行运行架构

人工智能驱动的银行运营体系分为五大部分：将客户运营、产品创新、业务发展、风控、授信审批、数据运营等职能整合到"触达与业务经营体系"；"业务与科技融合体系"是一个集业务和科技开发于一体的新型组织，通过技术和业务的复合型人才来推动银行的智能化发展；将资产负债管理、财务管理、人力资源管理、战略管理整合到"战略与资源配置体系"中,对各种资源进行统筹运营;还有"数字化基础设施"以及"内部服务体系",它们也是上述体系中不可或缺的组成部分。在上述运行架构中,人工智能与专家经验的融合是内部驱动机制。

第四,银行经营管理理论根基的重建。与传统的以人和制度架构为核心的银行体系相比,由人工智能驱动的数字化银行体系,其经营管理的理论根基也将发生重大改变。由于银行运行以及流程连接中减少了大量的人为干预环节,传统体系下的组织间的矛盾、对人的管理,其重要性下降很多。银行管理的重心开始转到三个领域。一是技术与业务的融合。在新的体系中,各个领域、各个环节的人工都将是专家劳动,因此建立起与技术结构相对应的专家体系,促进专家的成长,激励专家经验与人工智能的融合,是人工智能驱动的数字化银行的关键所在。二是智能化的资产负债管理。在人工智能驱动下的高速运转的银行体系中,智能化的资产负债管理居于核心地位。建立智能化的资产负债管理体系对外部波动的敏感性,建立资产负债管理对经营战略、经营特色的支持,是相关工作的重心。三是对数字化风险的管理。人工智能驱动的数字化体系不仅具有一般性的风险,也将衍生新的风险,所以数字化风险防控将成为经营管理工作的重点。

以上是深度数字化阶段银行的可能图景。但鉴于中国经济社会在向深度数字化迈进,新一代人工智能的发展也才刚刚开始,人工智能的能力、法律和伦理建构等因素还有待进一步发展和完善,未来相当一段时间,中国银行业的主要发展阶段仍然是人与互联网相融合，并不断强化人工智能的应用。从这个意义上讲，我们对未来银行的探讨，其目的恰恰是帮助我们进一步厘清当前我们所处的历史阶段以及前进的方向。如果说，"数字原生"概念是一个时代性的概念，那深度数字化阶段的数字原生银行就是以新一代人工智能驱动的数字化银行。但显然，未来相当长时间，可行的数字原生银行则是人与互联网有机融合、不断强化人工智能应用的数字化银行，这也是本书前述章节所遵循的逻辑主线。

关注银行深度数字化的风险

ChatGPT、GPT-4 在带给全世界惊喜的同时，也引起了不少人对其应用的担忧。2023 年 3 月 22 日，特斯拉创始人埃隆·马斯克等上千名科技人士和人工智能专家呼吁暂停比 GPT-4 更强大的人工智能系统的训练，共同制定和实施一套先进的人工智能设计和开发的共享安全协议。在此背景下，联合国教科文组织号召各国立即执行全球人工智能伦理规范。2023 年 3 月 31 日，意大利个人数据保护局宣布暂时禁止使用 OpenAI 聊天机器人 ChatGPT，使意大利成为首个禁用 ChatGPT 的国家。4 月 4 日，欧盟要求所有生成式 AI 内容必须注明来源。

上述情形反映了新一代人工智能在带来人类能力跃进的同时，人类所面临的风险。同样，这也提示我们，需要关注以新一代人工智能为驱动的银行深度数字化所具有的风险，具体包括以

第十章　深度数字化中的未来银行展望　　231

下几个方面。

第一，数据安全和个人信息保护挑战。据相关报道，在引入ChatGPT不到一个月，韩国三星就发生三起数据外泄事件。为保护企业机密信息，目前美国银行、花旗集团、德意志银行、高盛集团、富国银行、摩根大通等机构已经禁止员工使用ChatGPT聊天机器人处理工作任务；软银、富士通、瑞穗金融集团、三菱日联银行、三井住友银行等日本公司，也限制了ChatGPT和类似聊天机器人的商业用途。

第二，模型共振风险。使用相同、相似的人工智能模型，有可能造成不同银行行为的一致性，从而放大市场的波动性。

第三，在深度数字化阶段，银行广泛互联，其网络安全问题将极大凸显。

第四，在人工智能模型以及IT供给等方面过度依赖第三方机构，可能危及金融机构自身安全稳健运行。

第五，在深度数字化环境下，信息和资金等经济社会要素高频交互、快速流动，在这种情况下，银行界固有的舆情风险/流动性风险传播和捕捉更加快速，风险爆发更加迅猛。美国硅谷银行倒闭，尽管有其内在经营的问题，但也有其特殊性。和过去不同的是，硅谷银行问题的爆发肇始于资本市场——显然，其在互联网时代糟糕的市场舆情管理是噩梦的开端。

第六，在深度数字化进程中，银行服务与场景服务深度融合，模糊了银行和非银行活动之间的边界，加剧风险的关联和传染。

不过，与银行深度数字化自身所面临的风险相比，银行在推进深度数字化过程中所面临的战略风险往往容易被忽视，而其恰恰是决定银行数字化成败的关键。它包括两方面的内容。

第一，技术应用的时机。银行本质上是技术的应用者。技术的应用取决于技术与业务的融合以及客户的体验。所以，银行对新技术的应用时机，必须保证基础技术的成熟。当然，这里需要区分基础技术与系统开发以及具体应用的差异。后者可以经过短期优化和迭代，迅速改变客户体验，但前者却无法实现。银行的服务模式要建立在成熟技术的基础之上。这也是为什么本书将当前银行数字原生战略的服务形态定位于"人与互联网相融合"而不是人工智能驱动的根本原因。

第二，技术路线的选择。技术路线的选择，是技术与战略的综合抉择。银行需要综合权衡技术先进性、技术能力、技术可靠性、技术获得性、技术与业务架构的结合、成本、周期等诸多因素。但这些因素更多是从银行自身的角度来思考战略，但从我国移动支付落地过程中 NFC 支付与二维码支付之争的案例来看，银行的技术选择同样要考虑客户，要从商业的角度来看待技术路线的选择，而这恰恰是银行所欠缺的。

后记

《数字原生银行》是我继《未来银行之路》《平台银行》之后创作的第三本关于银行转型,尤其是数字化转型的专业书。作为一个银行人,我很荣幸在因缘际会中,能够以这种方式参与到当代中国银行业最大的变革中。

作为银行战略的观察者和研究者,我真切地感受到数字化战略意义的进化和升级,但同时也能感受到相关实践的挑战与困惑。过去我们常说,数字化是一种手段,但不是目的。但在未来5~10年,数字化却是银行业务转型和业态变革的关键载体,是银行盈利能力重建的过程。与银行数字化相伴的,将是个体银行发展命运的分化。没有成功的数字化,个体银行必然为时代的进程所淘汰。从这个意义上讲,数字化其实就是目的。

但对行业的经营管理者而言,数字化却是一个艰难的挑战,它是转型,是改革,是重构,对短期绩效的侵蚀、持续的投入、对资源瓶颈的突破,考验着银行经营管理者把握关键性战略机遇以及应对持续挑战的能力,它是银行家的试金石。可以说,这是一个呼唤并彰显银行家精神的时代。

不过，知易行难，当前大型银行的数字化逐渐步入深水区，中小银行的数字化也开始提到战略层面。在数字化成为行业共业的时候，数字化的具体路径、具体策略，不是更清晰了，反而是困惑更多了——执行上的偏差与方向上的谬误相混淆，让银行内部对具体策略的分歧越来越多，银行管理层对数字化项目的决策也越来越难。战略、策略、方案等多层面上的勘误与厘清变得异常重要。

行业发展的现实，让我觉得有必要在行业现有的实践基础上，对未来行业数字化的整体方案有更深入的探索。同时要用银行人熟悉的体系、话语来建构作品的逻辑，从而有利于银行将理论、方案导入实践。这也是我继《未来银行之路》《平台银行》之后，再次将精力投入著述的原因。

当然，构建一个关于银行数字化转型的完整理论，也是我潜意识中的心愿——在某种程度上，《未来银行之路》阐释了数字化的背景和动因，《平台银行》阐释了银行对接全面数字化时代的商业模式，而《数字原生银行》则从银行体系和业务转型角度进一步完善、深化了上述理论体系。

《数字原生银行》也是我独立创业后的第一本书，从 2021 年开始酝酿，到 2023 年付梓，前后历经两年时光。它消耗了我大部分的时间和精力，也一度迟滞了我对公司运营的关注。即便如此，我仍然觉得在这个银行业发展的大时代中，去努力做这件事情是值得的。

在《数字原生银行》成书的过程中，在将自己推向市场的过程中，得到了各界师长、朋友的支持和帮助。在这里，向所有人致以崇高的敬意。同时，也感谢行业同仁、读者朋友对我已经出版的两部作品的关注。

刘兴赛

2024 年 4 月 9 日

于北京亦庄凉水河畔

参考文献

梁礼方. 银行信息科技［M］. 北京：人民邮电出版社，2022.

陈德翔，白云辉. 飞燕筑梦——常熟农商银行小微金融模式解码［M］. 北京：中国金融出版社，2022.

刘兴赛. 平台银行［M］. 北京：中信出版社，2021.

何哲. 新信息技术革命：机遇、挑战和应对［J］. 人民论坛，2021（2）.

张强. 美国新一轮信息技术革命和产业变革的主要特点［EB/OL］. 2017－06－05. http：//intl. ce. cn/specials/zxgjzh/201706/07/t20170607_23491294. shtml.

赵昌文. 认识和把握新一轮信息革命浪潮［N］. 人民日报，2019－06－14.

专访林毅夫｜中国经济的挑战、底气与后劲［EB/OL］. 2021－08－05. https://www. nse. pku. edu. cn/sylm/xwsd/515931. htm.

张亦辰，王凯鸽. 开放银行发展现状及趋势分析［J］. 银行家，2020（12）.

张子键. 银行数字化转型, 组织管理创新很关键［J］. 中国银行业, 2022（6）.

刘刚. 大数据时代智能风控体系建设实践［J］. 中国金融电脑, 2018（8）.

谢晓雪. 数字化转型下的银行风险管理［J］. 中国金融, 2021（16）.

李志刚. 新阶段银行数字化风控体系建设［J］. 中国金融, 2022（12）.

汪伟, 郑颖, 阮超. 组织变革视角下的商业银行数字化转型研究［J］. 清华金融评论, 2022（4）.

李惠琳, 谭璐. 招商银行 App 进化史［J］. 21 世纪商业评论, 2021（12）.

王燕. 大数据时代银行数据治理的几点认识［J］. 金融电子化, 2018（3）.

杨兵兵. 商业银行数据治理与应用——以光大银行为例［J］. 银行家, 2012（1）.

李璠, 柯丹. 构建大数据能力核心引擎, 主动拥抱金融科技创新——中国光大银行大数据治理体系规划与实施［J］. 中国金融电脑, 2017（5）.

姜建清. 中国银行业信息化问题探讨［J］. 中国流通经济, 2012（8）.

金磐石. 分布式转型中的主机下移实践［J］. 金融电子化, 2017（5）.

杨飞.银行新一代核心系统建设及启示［J］.杭州金融研修学院学报，2019（6）.

牛新庄.分布式架构为民生银行科技金融战略打下坚实基础［J］.金融电子化，2018（5）.

刘光辉."互联网+"时代的银行IT架构转型策略［J］.金融电子化，2018（5）.

张晓东.IT架构赋能金融数字化转型——建行分布式架构实践与思考［J］.金融电子化，2022（6）.

王仁贵.金融助力科创的建行探索［J］.瞭望，2022（1）.

丁雨婷.硅谷集团科技金融发展模式借鉴［J］.杭州金融研修学院学报，2019（10）.

任春玲.我国科技银行发展的现存问题及对策建议［J］.长春金融高等专科学校学报，2016（12）.

朱翀.商业银行科技金融创新方向探索［J］.浙江金融，2016（3）.

郭建杭.数字经济来袭，涉农信审底层技术迭代［N］.中国经营报，2022-08-06.

张文武.深入探索乡村振兴数字化发展新路径［J］.现代商业银行，2022（10）.

王雪冰.农商行如何打赢"生存保卫战"？［N］.中华合作时报，2022-05-22.

陈永伟.作为GPT的GPT：通用目的技术视角下新一代人工智能的机遇与挑战［J］.财经问题研究，2023（6）.